모정의 탑

김수돌 수필집

교음사

간병, 수필을 통하여 승화

어머니를 간호하면서 간병일기를 썼다. 가족을 손수 보살피는 간병인에게 도움을 주려고 간병일기 『눈물의 노래』를 상재했다. 그 사실을 언론들은 일제히 호평했다. 글의 중요성을 재인식하게 되었다.

출판기념회에서 『수필문학』 강석호 회장님께서 저자는 병상문학에 소질이 있다고 하셨다. 그리고 수필을 가르치신 선생님께서 이색적인 분야의 글을 쓰면 특색 있는 글이 될 것이라고 하셨다.

그래서 어머니께서 물려준 무형자산인 간병, 수필을 통하여 승화하려고 결심했다.

자영업을 정리하고 간병사 시험을 보아 전국 1호 부부 간병사가 되었다. 노인 병원과 요양원에서 어르신들을 어머니처럼 모시기 위해 노력했다. 그리고 어르신들을 즐겁게 해드린 세월이 한 10년 지나자, 거짓말처럼 오십 평생 앓아 오던 신경성 위장병이 말끔히 나았다.

만성 피로에 시달려오다 건강이 좋아져 삶의 의욕이 살아났다. 그리고 소심하던 성격이 대범하고 적극적으로 바뀠다.

인생 후반기는 깨어난 의식에서 성찰을 통하여 삶의 흔적을 차곡차곡 쌓아야 하리라.

세 번째 수필집이 나올 수 있도록 지도해주신 故 고동주 선생님. 책을 예쁘게 만드신 『수필문학』 강병욱 대표님, 류진 편집국장님. 문예진흥기금을 위해 애쓰신 이민호 선생님. 함평에서 기탄없이 논의한 문우들께 고마움을 전한다.

2023. 9.

水月 김수돌

김수돌 수필집

- 차례
- 작가의 말

1. 인연

2. 어떤 결심

3. 침 먹은 지네

4. 동양의 나폴리 통영

5. 아름다운 도전

1

인연

초인적인 힘
어머니의 고독
인간 상록수
전쟁의 상처
현몽(現夢)
장날
특수 침대를 만들다
이웃사촌
신발 한 켤레
인연

초인적인 힘

나이가 들어서인지 근래 들어 어머니 생각이 많이 난다.

일곱 살 적의 일이다. 엄마를 따라 채소밭에 갔다. 엄마는 흐르는 도랑물에 채소를 씻었고, 나는 며칠 전에 눈여겨본 고구마밭의 꽈리를 찾았다. 꽈리가 노랗게 익어 군침을 돌게 했다. 꽈리를 따려고 밭에 들어서자마자 뒤꿈치가 따끔하여, 아야! 하며 쳐들자 뱀이 뒤꿈치를 문 채로 딸려 올라왔다. 뱀을 본 엄마는 달려와 나를 길섶으로 옮기고, 머리 고무줄을 풀어 종아리를 묶었다. 다리를 훑어 내리자 검붉은 피가 뱀의 이빨 자국에서 흘러내렸다. 입으로 피를 빨아내다가, 나를 업고 병원이 있는 면 소재지까지 십오 리 산길을 한걸음에 달리셨다.

나는 통증에 신음을 토했다. 뱀독이 온몸으로 퍼지면 자식이 죽게 될 절체절명의 순간을 맞아 엄마는 사력을 다해서 달렸다. 간이 병원으로 응급처치를 받고 입원실이 없어 집으로 왔다.

다음 날부터 집에서 민간요법으로 치료했다. 요즘이야 좋은 주사와 약이 있지만, 당시는 그 방법밖에 없었다. 선짓국을 끼니마다 먹었고, 오줌을 끓여 그 수증기를 상처에 씌우면 커다란 물혹이 생겨 일렁거렸다. 솔잎으로 그것을 터뜨리면 누른 액체가 나왔다. 그런데 한 보름 지나자 갑자기 눈앞이 캄캄해 아무것도 보이지 않았다.

엄마는 새벽마다 장독대에 정화수를 떠 놓고,

"비나이다~ 비나이다~ 신령님께 비나이다~ 우리 수돌이 눈 좀 뜨게 해주이소. 비나이다~ 비나이다~ 신령님께 비나이다~ 우리 수돌이 눈 좀 뜨게 해주이소." 하고 치성을 드렸는데, 보름쯤 지나자 신기하게 다시 보였다.

그 시절에는 가을철에 독사한테 물리면 어른도 살기 어려웠지만, 어린 내가 온전한 것은 참으로 기적이었다. 의학에 일자무식인 어머니께서 초인적인 응급처치 능력을 발휘한 것이다. 그 첫째가 고무줄로 묶어 독이 전신으로 퍼지는 것을 지연시켰고, 종아리를 훑어 독을 빨아내었다. 다음은 치료를 빨리 받기 위해서 사력을 다해서 달렸기 때문이다. 끝으로 간절한 치성에 신령님이 감응하여 다시 볼 수 있도록 한 것으로 나는 믿고 있다.

내가 중학교 2학년 어느 여름밤, 어머니는 논에 물을 대고 돌아오는 길에 미끄러져 논둑길의 삭은 말뚝을 밟고 크게 다쳤다.

통영에 있는 '벼락당먼당'* 위의 사촌 누님 집에서 어머니를 업고 통원 치료를 다녔다. 산꼭대기의 집이라 가파른 계단을 오르내리면 땀은 비 오듯이 쏟아졌고 입에서는 단내가 났었다. 하루는 계단에서 잠시 쉬는 중에, 어머니께서 뱀에 물린 나를 업고 산길을 단걸음에 달렸던 일이 생각났다.

그날의 상황을 견주어 보니, 내리사랑이라고 당신의 큰 사랑에 비하여 부끄러웠다.

어머니는 내 이마에 땀을 닦으며 "많이 힘들제." 하셨다.

"아니요, 어머니는 독사에 물린 저를 업고 그 먼 산길을 한걸음에 달려가지 않았습니까?"

"조금 전에 나도 그때 일이 떠올랐어." 하시며 달아오른 내 얼굴을 두 손으로 감싸며 눈시울을 붉히셨다.

그 후부터는 비지땀이 흐르고 단내가 나도 힘들다거나 더위를 느끼지 못했다. 그렇게 한 달여를 당신을 업고 통원 치료를 다녔다. 그래도 차도가 없어 이웃 마을의 한의원을 찾았다. 한의사는 수술 자리에 새 살이 차올랐지만, 고름이 나오는 데는 이물질이 속에 있기 때문이라고 진단했다. 약재를 써서 새 살을 녹여내자 새끼손가락의 마디 크기의 나무토막(삭은 말뚝의 꼭대기)이 나왔다.

어머니는 자식이 위기에 처했을 때 조금의 망설임도 없었고, 위험에 빠졌을 때도 초인적인 힘을 발휘하여 나를 구하셨다. 그리고 자식이 시력을 잃었을 때도 눈물겨운 치성으로 나에게 빛을 주셨다. 당신이 보였던 모성애의 발로를 나는 한시라도 잊은 적이 없다.

어머니의 바람대로 지금까지 착하고 열심히 살아왔고, 앞으로도 그렇게 살아갈 것이다.

*벼락당먼당: 통영시의 명정, 서호, 중앙, 문화동의 중심에 서피랑이 있고 그 정상에 서포루가 있다. 서포루의 남쪽 편에 까마득한 낭떠러지의 이름이다.

어머니의 고독

내가 사는 마을의 동구 밖에는 충신, 효자, 열녀의 선행을 알리기 위해 세운 비석을 모아둔 작은 동산이 있다. 남다른 삶을 살았을 주인공들의 행적을 알고 싶었으나 비문이 한문으로 쓰인 데다가 훼손되어 읽어 볼 수가 없었다. 그러나 그곳을 지나칠 때면 훗날 내 어머니도 "어느 누가 기억해 줄 것인가." 생각하곤 했다.

어머니는 18세에 아버지와 결혼하여 10년을 살다가 6.25 전쟁으로 생이별하게 되었다. 전장으로 떠나던 날 당신이 낳은 자식을 마지막으로 안아보고 어머니께 건네며 '수돌이 잘 키워 달라.'고 부탁했단다.

전쟁터에서 무사히 돌아오기만을 애타게 기다리던 어머니는 아버지의 전사 통지서를 받고 혼절하셨다. 시신 없이 장례를 치를 수가 없어 빈소만 차려놓고 며칠 밤낮을 통곡하는데, 아버지께서 마지막으로 부탁한 말이 귓전을 울렸다. 네 살배기 어린 것을 잘 키우는 것이 남편과의 언약을 지키는 일이고 도리이며, 핏줄을 잇는 일은 사랑하는 남편을 환생시키는 것이라고 믿었다. 비록 하나뿐이지만 여러 명을 기르는 정성을 기울이면 열 자식 부럽지 않게 키울 수 있다고 다짐했으리라.

혼자서 농사지으며 자식 키우기가 쉽지 않았다. 의지가지없는 홀몸이라 업신여기고 무시당하는 온갖 설움을 감당하기는 무척 힘들었다. 더구나 개가(改嫁)해 가기를 바라던 친척들은 집요하게 자산을 갉아먹었다. 그럴 때면 어머니는 도마뱀 꼬리 떼듯 위기를 모면했고, 먹구름에 가려진 암담한 상황에서도 좌절하지 않았으며 구성진 「감장사 노래」로 마음을 달래곤 했다.

어머니는 어려서부터 불규칙하게 불면증을 심하게 앓았다. 그런 증세가 있을 때는 밤중에도 집안일을 했다. 어느 날 밤 질구질을 한 것이 도깨비가 난 것으로 소문이 났는데, 남자가 그리워서 한 행위로 와전되어 유혹의 손길을 뻗치는 남자까지 생겼다. 접근하는 남자를 타일렀는데 설득이 안 되어 중학생인 나를 방패막이 삼았다.

어머니가 스물여덟 살의 젊은 나이에 홀로되어 어린 나 하나만을 보고 희생한 삶을 떠올릴 때면 나는 「열녀비」 노래를 읊

미한다.

> 꽃피는 하루아침 떠나가신 대장부여
> 나라에 바치신 몸 못 오시는 그날도
> 열녀비 썩는 고개 손을 들어 기다렸소 (중략)
> 칠십 년 고개고개 참사랑을 섬길제
> 하늘 같은 일편단심 한 시 반 시 잊으리까?
> – 이난영의 「열녀비」 노래

아버지의 전사 사금(賜金)으로 5만 환과 광목 한 필이 나왔는데, 그 이후는 원호 혜택을 전혀 받지 못했다. 우리에게 나오는 보훈 연금을 다른 사람이 가로채거나 행정상의 착오일 것으로 예상했다. 고등학교를 졸업하고 몇 년 동안 여러 방면으로 찾았으나 전사 사실을 못 밝혀, 호적부에 '경기도 연천지구에서 혁혁한 전공을 세우고 전사했다.' 기록을 근거로 국가를 상대로 민사소송을 하려고 적임 변호사를 물색 중이었다.

그러던 어느 날, 어머니를 통하여 당시의 상황을 듣고 재조명하는데, 국립묘지에 즐비하게 늘어선 비석 중에 아버지의 함자가 새겨진 비석이 언뜻 얼비치는 것이 아닌가. 예사롭지 않아 곧바로 현충원장 앞으로 서신을 보내 현충원 징용자 묘역에 안장되었다는 답신을 받았다. 아버지가 전사한 지 24년 만에 묘를 찾고 보훈 가족이 되었다. 어머니는 첫 참배에서 비석을 부여잡고 "수돌이 이제 다 키웠으니 좀 돌봐 주이소." 하며 목메어 울었다.

어머니는 세상눈이 무서워서 먼 길 나들이할 때 화장하지 않았고, 잔병치레하는 자식 뒷바라지하느라 당신은 감기몸살을 앓아도 한 번 자리에 눕지 못했다. 그러나 끝내 당뇨합병증으로 유명을 달리했다. 그 순간 어머니의 고독이 나에게로 몽땅 쏟아지고 말았다. 앞이 캄캄하고 세상이 무너지는 것만 같았다. 한없는 오열(嗚咽)을 감당할 길이 없었다. 하지만 한 많던 어머니는 영원한 길을 가시고 말았다. 나는 어머니의 참사랑을 기리기 위해 동구 밖에 작은 열녀비를 세우고 싶었지만, 여의치 못해 마음속에 비를 세워 간직하고 있다.

인간 상록수

어릴 적, 내가 살던 골목에는 다섯 가구가 의좋게 모여 살았는데, 불행히도 모두 아버지를 일찍 잃은 집들이었다. 그래서 '과부 골목'이라 부르는 사람이 있었다. 어린 마음에 그 말이 언짢게 들려 엄마에게 사연을 여쭸다.

"우리 골목에는 아버지가 다 없으니 그러는 모양이다."

"그런 말을 하지 못하게 하세요."

"자기들끼리 하는 말을 어찌 못하게 할 수 있겠나."

"나는 그 말이 너무 듣기 싫어요."

"아버지가 없고 너희들이 어리니까 업신여겨 함부로 하는 말이지만, 기분이 나쁘고 미워도 이해할 수밖에 없다. 너희들이 크면 자연히 없어질 것이고, 크게 성공해서 과부 골목에서 용 났단 말을 나는 꼭 듣고 싶다." 하셨다.

어느 날 어머니께서 이웃집에 다녀와서 이야기하셨다. 그 집 막내아들이 하도 서럽게 울어서 무슨 일인지 그 아이 엄마에게 여쭸는데, 물어도 대답하지 않는다며 속상하다고 했다. 아들이 엄마들의 이야기를 엿들었던지 이다음에 크게 성공해서 그들에게 큰소리칠 것이라 했다. 그런 말은 함부로 하지 말고 그들을 능가하는 힘을 기르라고 타일렀단다.

세월이 흘러, 집성촌에서 타성바지로 따돌림을 받았던 그 형님이 장성하여 군에 입대했다. 때맞춰 월남 파병이 시작되어 자원했다. 열대 밀림에서 용감하게 싸워 무공훈장을 두 번이나 수상하는 영예를 누리고 국위 선양을 떨쳤다. 그러나 세상사 호사다마라 했던가. 한쪽 다리를 잃고 말았다.

오랫동안 육군통합병원에서 재활치료를 받고 목발을 짚고 퇴원했다. 성한 사람이 하루아침에 장애인이 됐으니 정신적으로 실의에 빠졌으나, 시련을 극복하고 불굴의 투지를 보이기 시작했다. 면장을 만나 나라의 부름으로 참전하여 이렇게 됐으니 살길을 마련해주라고 했다. 면장으로서 그만한 권한이 없다며 거절했다. 다시 군수를 만나서 딱한 사정을 하소연하였으나 해결책은 나오지 않았다. 결국 서울로 가서 대한상이군경회 회장과 담판하여 상이군경회 경남지회에 채용됐다.

그 무렵 야당 지도자가 상이용사를 폄하는 발언으로 서울, 대구, 광주에서 대규모 집회가 열렸다. 대구 집회장에서 전국 상이군경을 대표하여, 형님이 이마에 수건을 동여매고 땅바닥에 꿇어 앉자 혈서를 쓰는 모습이 신문에 대문짝만하게 실렸다. 마침내는 어엿이 형님답게 큰일을 했구나 싶었다. 비록 가난하여 학교 문턱도 못 밟고 서당에서 천자문 읽고 강습소에서 한글을 배운 게 전부이지만, 정신력은 누구보다 강하고 진취적인 분이었다.

얼마 후 형님은 대한상이군경회 경남지회장을 맡았다. 그 자리에서 상이군경의 애로사항을 자기 일처럼 소매를 걷고 해결함으로써 오랫동안 그 자리에 머무를 수 있었다. 그리고 고향의 중·고등학교를 졸업하고 취업하지 못한 아이들을 자기 집에서 숙식까지 제공하여 마산 자유수출지역에 자리가 나면 입사시켰다. 아무 연고도 없었지만, 보상도 바라지 않고 취업시켰다. 어릴 때 타성바지로 따돌림을 했던 사람들의 자녀들까지도….

자기 자식이나 형제가 아닌 남의 집 아이들을 취업시키기 위해 헌신적으로 활동했기에 고향 사람 중에는 그를 '인간 상록수'로 일컫는다.

"과부 골목에서 용 났단 말을 꼭 듣고 싶다." 하셨던 당신의 말씀이 예언으로 적중할 줄이야 예전엔 미처 깨닫지 못한 일이다.

전쟁의 상처

문중의 제실에서 어린이 장기자랑을 하던 때가 있었다. 전래동요 「달아 달아 밝은 달아」를 부르면서 어머니께 효를 다하겠다는 다짐을 어린 마음에 했다.

아버지의 부재로 나는 늘 외로웠고 어머니를 걱정하던 말 잘 듣는 어린아이였다. 그런 내가 중학교 졸업을 앞두고 고등학교 진학 문제로 어머니와 의견이 엇갈렸다. 경제적인 이유로 문중 어른들에게 부탁하여 진학을 포기하도록 했지만, 나는 더 배워서 아버지의 전사(戰死) 사실을 밝히고 좋은 직장에 취직하여 어머니를 편안히 모시겠다는 명분을 내세웠다. 두어 달 지나자 종중 대표와 재건 촉진 운동하던 재종형님이 나의 목소리에 힘을 실어 주었다. 어머니와 3개월간의 지루한 줄

다리기는 끝이 났다.

고등학교를 졸업하고 아버지의 전사 사실을 밝히려고 면사무소, 보훈청, 육군본부 등의 관계 기관을 2년 동안 찾아다녔으나 모두 허사였다. 그래서 고향 사람들의 인우증명(鄰右證明)을 받아 탄원서를 올렸으나 전사를 확인해 주지 않아 망연자실했다. 하지만 좌절하고 포기할 수가 없었다. 나라를 위해 목숨을 바치신 아버지의 영혼을 편히 잠들게 할 절대 의무가 내게 있었다. 그리고 평생 수절하며 미망인으로 살아온 어머니께는 천추의 한을 남길 일이었다. 또한, 어릴 때 문중 어르신들 앞에서 노래로 홀어머니께 다짐했다. 고등학교 진학 문제를 명분으로 약속했다.

오랜 생각 끝에 호적등본에 명기된 '경기도 연천지구에서 혁혁한 전공을 세우고 전사했다'는 내용을 근거로 민사소송을 하려고 적임 변호사를 물색 중이었다. 그러던 어느 날, 어머니를 통하여 당시 상황을 듣고 재조명하던 중에 국립묘지에 즐비한 비석 중에 아버지의 성함이 새겨진 비석이 언뜻 얼비치는 것이 아닌가. 곧바로 국립현충원장 앞으로 아버지의 성명, 주소를 적어 보냈다. 7일 만에 국립묘지 징용자 묘역(17번)에 안장되어 있다는 회답이 왔다.

전사한 지 24년 만에 꿈에도 그리던 아버지를 만나려 어머니와 현충원에 참배하러 갔다. 어머니는 묘비 앞에 풀썩 주저앉자 "나한테 부탁한 수돌이 다 키웠으니 좀 돌보아 주이소!" 하며 오열했다. 6·25 전쟁으로 전사했지만, 헛된 죽음이 될 뻔했던 사건을 밝히고 무덤까지 찾았다. 그리고 보훈 가족으로 등록하고 나니 만감이 교차했다.

34년의 세월이 지난 뒤 어머니는 당뇨합병증으로 십여 년 동안 투병하다가 자리에 눕고 말았다. 만일의 경우 영면하시면 살아서 못다 한 사랑을 저세상에서나마 나눌 수 있도록 아버지의 무덤에 합장하고 싶었다. 그래서 아버지의 묘비 근처에서 몇 차례 살펴보아도 부부의 이름이 새겨진 묘비를 찾을 수가 없었다. 일반 사람들은 죽으면 합장하든지 나란히 모시기도 한다. 그런데 전사자는 왜 합장이 안 되는지 이해할 수가 없어 현충원에 전화했다. 성명과 날짜, 시간을 미리 알려주면 무료로 합장하고 어머니의 성함도 비석에 새긴다 했다. 어머니는 77세를 일기로 세상을 떠나게 되어 오일장을 치르고 동작동 국립현충원 아버지의 무덤에 합장했다.

2019년부터 정부에서 국가유공자의 명예와 자긍심을 고취하기 위하여 「국가유공자 명패 달아드리기」 사업을 추진하여 우리 집에도 '국가유공자의 집'이란 명패를 달았다. 찾아온 손님이나 이웃사촌들이 사연을 물으면 친절히 설명해 준다.

한국전쟁으로, 풍전등화와 같은 나라의 운명을 구하기 위해 몸 바친 아버지의 의로운 죽음, 후세에 길이 빛나리라 믿어 의심치 않는다.

현몽(現夢)

온 세상이 깊게 잠들은 고요한 새벽녘, 보름 동안 욕창 때문에 심신이 지쳐 파김치가 됐다. 책상에 엎드려 깜박 잠이 들었는데, "수돌아!" 불러서 바라보니 머리가 하얀 할머니가 불쑥 나타났다. 다리를 절룩거리는 모습을 보고 어린 나를 업어 주셨던 할머님이라는 걸 한눈에 알아봤다. 할머님은 "왜 뒷산 호랑이굴*에 빨리 안 가노." 이 한마디 말씀만 남긴 채로 안개 속으로 사라졌다.

아닌 밤중에 홍두깨도 유분수지, 초등학교 1학년 때 돌아가신 할머니께서 느닷없이 꿈에 나타나 어리둥절했다. 무병장수하라고 '수돌'이란 이름을 지어준 할머니께서 뒷산 호랑이굴에는 왜 가라는지, 도무지 종잡을 수가 없었다.

그러나 왠지 모르게 호감이 가서 할머니께서 시키는 대로 호랑이굴에 한번 가보고 싶었다. 초췌해진 내 모습을 지인이 볼세라 새벽같이 서둘러 집을 나섰다.

산으로 오르면서도 머릿속에는 온통 욕창 생각뿐이었다. 의사나 약사를 만나 전신마비 된 고령의 당뇨환자라는 사실을 말하면 왼고개를 쳤다. 간호사나 간병인 등 많은 사람과 상의했으나 욕창 이야기만 하면 초상 치를 준비부터 하라고 했다. 그러나 나는 포기하지 않았다. 무슨 일이나 어떤 결과가 있으면 생긴 원인이 반드시 있을 터, 그 원인을 알면서 해결 방법을 찾지 못하는 데는 노력이나 정성이 부족하기 때문이다.

의료 전문가가 왼고개를 쳤으니 의료 행위가 아닌 방법을 찾을 수밖에 없었다.

그 해결 방법으로 먼저 생각한 것이 체위 변경이었다. 옆으로 눕히자 전신마비라 앞이나 뒤로 곧바로 넘어졌다. 다음은 아이처럼 요람에 대울 생각을 했으나, 기저귀 갈기가 어렵고 구멍을 뚫으면 냄새나 진물 때문에 비위생적일 것 같았다. 또한 합판을 이용할까도 생각하였으나 뼈만 남은 와병 환자에겐 너무 딱딱하고 차가울 것 같았다. 보름 만에 고육지책으로 생각한 것이 방구들을 욕창 크기로 파는 것이었다. 압박 부분을 없애고 통풍시키면 낫는 것은 시간문제라고 생각했다.

먼동이 틀 무렵 호랑이굴에 도착했다. 어두컴컴한 굴속을 들여다보니 희미한 물체가 보였다. 다가가서 그 물체를 잡은 순간 '아! 내가 그렇게 애타게 찾던 물건이 여기에 있었구나!' 싶었다. 떨리는 손으로 스티로폼을 잡은 채, 깔판을 만드는 과정과 사용할 용도를 구상했다. 스티로폼은 욕창 치료용 매트를 만드는데 구비조건을 두루 갖추고 있었다.

그날 아침의 내 행동을 되새겨보니 무서움이나 두려움을 전혀 느끼지 못한 점이 신비스럽게 기억된다. 그전에 친구들과 등산하다 호랑이굴 안내판을 보고 찾아갔을 때다. 계단을 한참 올라가서 호랑이굴 앞에 도착했다. 컴컴한 석굴이 입을 크게 벌리고 있는 형상을 보고 움찔 뒷걸음질 쳤다. 다음에 갔을 때는 서로 앞장서라고 했다.

그런데 그날은 어두운 호랑이굴에 혼자 들어갔다, 그리고 무당들이 굿할 때 깔판으로 사용했던 스티로폼을 잡고 감격해서 떨고 있었다. 내가 마치 무엇에 홀린 것 같았다.

나는 무신론자로 비과학적인 미신을 믿지 않는다. 그래서 이제껏 부적을 지녀본 적이 없고, 집안의 대소사에 손 없는 날을 잡기 위해서 철학관을 찾지 않았다. 그러나 사람의 지혜로는 알 수 없는 진리를 신이 가르쳐 알게 하는 계시는 믿는다.

이 매트를 처음 설치하였을 때, 보훈회관에서 미망인 회장이 병문안 와서 밑에 깔린 것이 무엇인지 물어서 특수 침대를 만든 경위를 설명했다. 정성이 가상하다며 격려했지만, 효과는 미심쩍어하는 눈치였다. 노인정 친구들은 “어떻게 이런 물건을 만들 생각을 했을까? 하늘이 너를 도울 것이다.” 했다.

그 뒤 미망인 회장이 특수 침대를 찾길래 욕창이 다 나아서 치웠다고 했더니, “지금까지 많은 회원이 욕창을 앓다 돌아갔지만, 치료한 것을 한 번도 보지 못했다고 했다.” ‘기적!’이란 말을 하면서 손전화로 몇 군데 연락하여 스티로폼 깔판을 만들라고 알려줬다.

특수 침대를 사용하고 달포 만에 욕창은 씻은 듯이 나았다.

*호랑이굴: 통영시 미륵산(일명 용화산)에 있는 도솔암 뒤에 200M 거리에 돌계단을 오르면, 암벽에 자리 잡은 지름 2M 길이 10M 크기의 천연석굴.

장날

내가 어릴 적에 어머니는 수월리에서 고성읍까지 왕복 60리 길을 걸어서 5일장을 다니셨다. 별빛 깜박이는 이른 새벽 집을 나서 거지반이나 가면 먼동이 트고 고성장에 도착하면 장이 섰다. 파장 무렵에 우시장(牛市場)에서 들려오는 송아지 울음소리에 엄마는 마음이 심란해졌다. 못다 판 장 보따리를 이고 출발하였으나 절반도 못 미쳐서 발걸음은 무거웠고, 긴 산그늘이 어머니를 드리웠다. 집에서 애타게 기다리는 자식 생각에 입을 앙다물었다.

더구나 산길 십오 리를 오갈 때는 어두워 초롱불을 사용하였는데, 일행의 가족들은 초롱불을 가지고 바래다주고 마중을 나갔다. 그러나 어머니는 그렇게 할 식구가 없어 남의 등불에 의지하였으나, 초롱불이 흔들릴 때마다 뒷그림자도 함께 너울거릴 때, 정신이 무척 헷갈렸다고 했다.

별빛 깜박이는 이른 새벽 / 청솔가지 매운 눈물 아침 짓고 / 서둘러 고성장을 떠납니다 / 나 홀로 집을 보고 있지만 / 송아지 울음소리에 맘이 설레어 / 못다 판 장 보따리 머리에 이고 / 어두운 고갯길을 달려옵니다

아침 햇살이 문을 두드려 잠을 깬 나는 윗목에 밥상이 놓여 있고, 이불 밑의 밥그릇을 만지며 어머니께서 장에 가신 것을 알 수 있었다. 이때부터 집과 동구 밖을 오가면서 고갯마루를 해바라기했다. 땅거미가 지면 집으로 와서 뙤창문을 붙잡고 무서워서 소리도 못 내고 울먹였다. 사립을 들어서며 "수돌아!" 부르면 울음을 터뜨리며 달려나가 품에 안겼다. 나를 보듬고 부엌으로 가서 밥을 지었다. 아궁이에 불을 지펴놓고 뜸을 들일 때 「감장수 노래」*를 불렀다. 나는 처량한 가락에 절로 슬퍼 울었고 어머니는 내 등을 토닥이며 달랬다.

사립문 들어서며 수돌아 불러 / 맨발로 달려나가 얼싸안겠네 / 아궁이 불 지피고 뜸 들일 때 / 구성진 감장수 노래 나를 울렸다 / 부엉이 울음소리 가슴에 저밀 때 / 철없는 새끼 품고 구들장 짊어집니다

지금 생각해 보면 어머니는 어려운 삶을 현명하게 대처한 것으로 여겨진다.

돈을 벌 수 있는 유일한 수단인 장거리는 장길이 멀어서 가볍고 가격이 비싼 한약재나 필수품인 베를 선택하셨다. 산골 묵정밭을 치자나무밭으로 일구어 치자를 따서 꿰어 말렸고, 한약재 숙변의 원료인 생지황을 파서 말렸다. 여름밤에는 모깃불에 매운 눈물로 삼 삼으시고, 긴긴 겨울밤을 하얗게 새우며 물레질하여 베를 만드셨다. 이렇게 고생을 낙으로 삼고 살다가 외롭고 서러울 때, 힘없고 세 없어 업신여김을 당할 때, 알고 속고 모르고 속으며 냉가슴 앓을 때도 감장수 노래를 부르며 한평생을 문풍지처럼 속으로 우셔야 했다.

답답한 감장수야 / 외지 말고 감 팔거라 / 나 어린 새신랑이 / 감 주라고 억질낸다

어머니께서 스물여덟 청산으로 사신 것은 오직 나를 이 세상에 존재키 위함이었으니, "커서 엄마에게 잘해라." 하시던 고향 사람들의 조언이 설득력 있게 들렸다. 그래서 나는 어머니를 섬기는 나만의 종교(?)가 있다. 신도는 단지 나 하나이고 모시는 교회나 절은 없어도 오직 내 마음속에 자리할 뿐이다.

*민요 「감장수 노래」 유래: 옛날 부잣집에 시집온 신부가 보채는 어린 신랑을 달래기 위해 업고 잠을 재울 때에, 골목에서 감 사이소! 하는 소리에 신랑이 깨어날세라 마음을 졸이며 부르던 자장가이다.

특수 침대를 만들다

오래전의 일이다. 어머니께서 당뇨합병증으로 심장병이 재발하여 입원했으나, 하루가 다르게 병세가 나빠져서 일주일이 지나자 전신마비가 됐다. 병세의 추이를 볼 때 병원에 그대로 있으면 2, 3일을 버티기가 어려워 보였다. 어머니는 집에 가서 죽고 싶다고 애원하셨고, 이대로 돌아가시면 나 또한 천추에 씻지 못할 한을 남길 것만 같았다. 원도 한도 없게 단 하루만이라도 내 손으로 간병하고 싶어, 병원의 만류에도 불구하고 약까지 뿌리치고 열하루 만에 퇴원했다.

그런데 집에 오고부터는 미음을 드려도 거부반응이 없었다. 여러 가지 약을 끊어서 소화 기능이 회복되는 것 같았다. 차츰 미음의 양을 늘려 기력을 되찾기 시작했다. 수시로 팔다리 마사지와 전신 스포츠마사지를 병행하자 마비됐던 팔다리에 온기가 돌고 기능이 회복되기 시작했다.

"내가 그때(병원에서 밤에 저혈당 쇼크로 두 번 죽을 고비를 넘김) 죽었으면 네가 이 고생을 안 할 것인데."

"어머니! 죽다니요? 너무 오래 살면 '긴 병에 효자 없다.'고 내가 불효할 줄 모르겠고, 어머니도 고생일 테니 일 년만 더 사이소."

"그리 오래! 일 년이나 살기라고!"

나는 그때 어머니를 다시 일으켜 세울 수 있다는 자신감과 희망에 부풀어 있었다. 호사다마라고 일주일이 지나자 엉치뼈(천골) 부위가 헐기 시작해서 난생처음 보는 욕창이 생겼고 며칠 뒤에 하나 더 났다.

병원이나 약국을 찾아도 노령에다 당뇨합병증과 전신마비란 이야기를 듣고 왼고개를 저었다. 어쩔 수 없이 가루약과 소독, 반창고를 사 와서 상처를 소독한 뒤 약을 뿌리고 반창고를 붙였다. 다음 날 반창고를 떼어내니 상처 부위의 주변까지 함께 떨어져 상처를 키우고 말았다.

밤낮으로 "아야! 아야! 조~옴~" 통증을 호소하여 체위를 변경하여도 5분을 버티지 못했다. 밤에는 체위를 변경하여 붙들고 있다가 졸곤 했다. 얼굴과 손발, 전신에서 허물을 벗어 각질이 쌓였고, 입안이 말라서 입에 피가 고였다. 젖은 손수건을 입에 물렸는데 너무 안타깝고 불쌍해서 바로 볼 수가 없었다.

내가 간병한 경험도 없이 의욕만 앞세워 집으로 모셔 온 것이, 오히려 어머니께 고통만 안기는 것 같아서 후회막심이었다. 그러나 욕창이 생긴 원인을 아는데 해결하지 못하는 데는 생각과 정성이 부족하기 때문이라고 여겼다. 의학을 전공한 사람이 왼고개를 쳤으니 의료행위 이외의 다른 방법으로 찾기 위해 골몰했다. 엉치뼈 부위와 방바닥 사이를 떼어주면 되는 일인데, 보름 동안 여러 가지 방법을 검토했으나 현실적으로 맞지 않았다.

그러던 어느 날 새벽, 고심 끝에 방구들을 욕창 크기로 팔 생각을 했다. 책상에 엎드려 깜박 잠이 들었는데, 수돌아! 불러서 보니까 나를 업어 준 할머니께서 발을 절고 나타나서 "왜 뒷산 호랑이굴에 빨리 안 가노!" 하고 안개 속으로 사라졌다.

할머니 말씀에 호감이 가서 새벽같이 미륵산에 있는 도솔암 뒤 호랑이굴로 갔다. 캄캄한 굴속에 희미한 물체가 보여서 다가가서 잡는 순간, 아! 내가 그렇게 애타게 찾았던 물건이 여기에 있었구나 싶었다. 스티로폼을 떨리는 손으로 잡은 채로 침대를 만드는 과정, 사용할 용도를 구상했다.

스티로폼은 보온과 방습이 잘되어 따뜻하고, 부드러운 데다가 탄력이 좋아 사용하기 안성맞춤이다. 그리고 가벼우며 만들기도 쉽고 가격 또한 싸다. 욕창 치료용 매트를 만드는데 구비조건을 두루 갖추고 있었다.

곧바로 집으로 와서 폭 50m/m×가로 4자×세로 8자 스티로폼으로 특수 침대를 만들어 어머니를 눕혔다. 사용한 지 45일 만에 나았다. 어머니가 부르셨던 「감장수 노래」를 가사를 바꿔서 불렀다.

욕창~ 아~ 없어~ 져라~ 아야~ 아야~ 못 듣~ 겠네~
지성~ 이면~ 감천~ 이라~ 씻은~ 듯이~ 나았~ 구나~

『눈물의 노래』 출판기념회 인사말 끝에 불렀다.

이웃사촌

어머니께서 와병 중일 때였다.

이웃에서 죽을 끓여 왔다. 찹쌀죽, 팥죽, 전복죽 등 정성스럽게 골고루 쑤어 왔다. 또 한 분은 소변 잘 나오는 약이라며 옥수수수염을 한약방에서 사 왔다.

고사리 할머니께서 병문안 오셨는데, 최근에 며느리가 입원하여 병간호하느라 못 왔다고 했다. 정신없고 바쁜 가운데 찾아주니 참으로 고맙기 그지없다. 집에 계실 때는 그전에 어머니와 같이 다니던 수도원에 갈 때마다 어머니의 건강이 빨리 쾌차하길 빌었다고 하셨다. 어머니를 위해 기도까지 했다니 가슴이 찡했다.

퇴원 후 두어 달 지나고부터 미음에서 죽, 밥으로 바꿨다. 이웃에서 설, 보름날은 오곡밥과 잡곡밥을 지어 왔다. 너무 황송하여 몸 둘 바를 몰랐다. 이웃과 친구가 이렇게 좋고 가까운 줄 예전엔 미처 느끼지 못했다.

어머니가 부르시던 「감장수 노래」의 가사를 고쳐서 내가 불렀다.

죽을 쒀 왔구나 밥도 지어 왔구나
고마운 이웃사촌 먼 데 일가보다 낫다

병문안 온 분들과의 대화는 대부분 먹는 이야기였다. 어머니는 모자란다고 하고 손님들은 인정상 많이 주라고 했다. 옆에 있는 내가 바늘방석에 앉은 기분이었다. 한 순갈 모자라게 먹는 것이 건강을 회복한 비결이건만 알맞게 잡수라는 사람은 아무도 없다. 내가 없을 때 병문안 와서 음식을 드려서 배탈이 나곤 했다. 그럴 때마다 보름 정도 설사를 계속하고 건강은 한 달 정도 후퇴했다. 그 뒤처리하면서 나 혼자 중얼거리며 불렀다.

답답한 손님들아 음식 얘기하지 마소
환자인 울 어머니 밥 주라고 억질내요

이웃에 사는 종질녀가 할머니들과 몇 번 왔다. 말을 꾸며 하는 종질녀가 병문안 오는 것이 마음에 걸려 꺼림칙했다. 이웃에서 슈퍼마켓을 하는 친구를 만났는데, 어머니 간병 이야기를 꺼내더니 뜬금없이 "너도 잘못하면 잡혀간다." 했다. 아차! 철딱서니 없는 종질녀한테 무슨 말을 들었구나, 그 말을 믿고 말하는 그가 더 원망스러웠다.

말 물고 되지 마라 맞장구도 치지 마라
하기 쉬운 남의 말을 제멋대로 하지 마라

옛날 우리 골목에는 아버지가 계시는 집이 없다고 '과부 골목'이라 부르는 사람도 있었지만, 다들 동병상련이라고 서로 위로하고 도우면서 열심히 살았다.

어장에서 생선을 받아다가 골목마다 누비고 다니며 '생선 사이소!' 하던 이웃집 억척스러운 아주머니의 삶, 부잣집에서 식모살이하여 식구의 입에 겨우 풀칠이나 하며 어렵게 살아가는 이웃집 아주머니의 고달픈 삶.

어머니께서는 목화와 삼을 심어 베를 짜고, 한약재 치자와 지황을 키우고 말려서 육십 리 고성장에 걷어가서 팔았다.

다들 과부라는 이유만으로 멸시와 업신여김을 받으며 악착같이 살아, 지금은 남부럽지 않게 살고 있다. "과부는 은이 서 말이고 홀아비는 이가 서 말이다."란 말은 우리 골목을 두고 한 말 같다. 그리고 마음씨가 정직하고 올곧게 살았기에, 고기 장수 아들은 '인간 상록수'로, 식모살이한 아주머니의 손주는 농학박사로, 어머니께서는 모진 병마와 싸워 버텨냄으로써, 불효자인 나를 과분하게 효자로 거듭나게 했다.

'사세부득'이한 사정으로 얼마나 마음고생이 심했으면 당신께서 "과부 골목에서 용 났단 말을 꼭 듣고 싶다." 했을까. 그 마음 헤아릴 길 없구나!

신발 한 켤레

어릴 적 우리 집 섬돌에는 어머니의 흰 고무신 한 켤레가 가지런히 놓여 있었다. 나는 그 고무신을 볼 때마다 외로움이 밀려왔다. 이웃집에는 댓돌 아래까지 크고 작은 신발이 뒤엉켜 있는데 그게 얼마나 부러웠는지 모른다.

아버지를 일찍 여의면 외롭고 어머니를 일찍 여의면 불행하다고 했는데, 나는 이려서 섬돌 위의 신발에서 외로움을 탔다. 그래서 또래 아이들보다 일찍 홀로서기를 시작한 셈이다.

신발이란 발을 보호하려고 신는 것이다. 기능이나 모양에 따라 다양하게 변화됐다.

늘그막에 내 발은 호사를 누린다. 아이들과 같은 문

수의 신발을 신기 때문이다. 슬리퍼, 운동화, 구두까지 브랜드를 신는다. 오래 신어도 해지거나 터지는 일이 없고, 변색하지 않아 언제나 새 신발 같다. 슬리퍼는 십 년 넘게 신어도 브랜드의 품위를 유지한다.

사람의 걸음걸이가 다르다 보니 신발 바닥이 닳은 모양도 다양하고 발소리 또한 여러 가지다. 신을 질질 끄는 것은 보기에 흉하고 듣기에 거슬린다. 아파트 같은 곳에서 뒤꿈치를 약간 들고 사뿐사뿐 걸으면 경쾌해 보이고 발 근육도 발달하고 이웃에 피해도 주지 않는다.

꿈에 새 신발을 신으면 복되고 길한 일이 일어날 조짐이 있고, 신발을 잃어버리면 불길한 징조가 나타난다고 한다. 그런데 꿈도 아닌 생시에 신발이 바뀌는 일이 생겼던 적이 있다.

초등학교 6학년 때 일이다.

어느 날 청소를 마치고 늦게 집에 가려는데 신장에 내 신발은 간데없고 새 운동화가 한 켤레 있었다. 그 시절 운동화는 보기 어려웠다. 십오 리 산길을 맨발로 걸을 수가 없어 그 운동화를 신고 집으로 갔다. 운동화가 탐나서 신고 간 것으로 오해를 사지 않을까 밤새도록 전전긍긍했다. 그날 운동화를 잃어버렸던 친구도 집에 가려는데 자기 운동화는 없고 고무신 한 켤레만 있었다고 한다. 어떻게 나와 친구가 하교할 때 자기 신발은 없었는지 영원한 수수께끼로 남게 되었다.

그 신발 사건으로 아무리 좋은 물건이라도 정당하게 사들이지 않고 가지면 심적 부담으로 오히려 괴로움을 당할 수 있음을 오래전에 알았다.

결혼하여 자식들이 하나둘 늘어나면서 우리 집 현관에도 신발이 가득하여 마음이 든든해졌다. 현관 신발 정리 정돈은 내 몫이다.

실내장식을 운영할 때 남의 집을 자주 방문했다. 현관의 신발이 잘 정리된 집은 가구나 세간이 잘 정리되고 깨끗했지만, 신발이 뒤죽박죽인 집은 가재도구도 비슷하게 흐트러져 있다. 신발을 가지런히 벗어놓은 것은 보기에도 좋을뿐더러, 정신적으로 안정감을 주고 마음이 차분해진다.

좋은 것을 흉내 내고 모방한다는 것은 바람직한 태도다. 하늘을 나는 새를 보고 비행기를 만들었다지 않는가. 모방은 단순한 흉내가 아니라, 한층 편리하고 가치 있는 새로운 길을 찾는 지름길이다.

자식과 손주들이 와서 왁자지껄하다. 누누이 일렀건만 현관에 신발이 뒤죽박죽이다. 오늘도 현관에 뒤엉킨 신발은 내 몫이다. 그래도 행복하다. 섬돌 위의 하얀 고무신 한 켤레를 생각하며 가지런히 정리해 놓는다.

인연

옷깃만 스쳐도 전세(前世)의 인연이라 했던가.

간병일기를 쓰는 것을 보신 어머니께서 할머니 봉사 회장을 만나보라고 하셨다. 회장님을 찾아뵈니 아들을 만난 듯 반갑게 맞아주었다. 첫 만남부터 마음이 잘 통했다. 집에서 어머니를 간병하며 체험한 간병일기를 책으로 엮고 싶으나, 글쓰기에 문외한이라 엄두를 못 낸다고 속내를 털어놓았다. 회장님은 기특한 일이라고 칭찬하며 힘닿는 데까지 돕겠다고 하셨다. 그 한마디의 말씀에 힘을 얻어 간병일기를 쓰게 되었고, 수필에 입문하게 되었다.

그날 이후 상황이 어려워질 때마다 회장님을 찾아뵙고 하소연하게 되었고, 어느 때부터인가 자연스럽게 어머님이라 부르면서 의(義)어머니의 연을 맺게 되었다.

의어머니는 언제나 여쭙기도 전에 미리 준비해 놓은 것처럼 신기할 정도로 명쾌한 해답을 주시곤 했다.

간병일기를 쓰기 시작하고 6개월 되었을 때. 간병과 글쓰기가 겹치면서 너무 힘들어 그만두려고 망설이고 벼르다 찾아갔다. 절하고 앉자 이런 말씀을 하셨다.

"나는 65살에 수필을 쓰기 시작했고 85살인 지금도 쓰고 있다." 하셨다. 그 말씀을 듣는 순간 몸 둘 바를 몰랐다. 해저터널을 통하여 어머님께 갈 적에는 어두침침한 굴속이 우울한 내 마음과 어찌 이렇게 같을까 싶었지만, 걸어 나오며 출구 쪽에 환한 불빛을 보자 밝은 미래가 펼쳐지는 듯했다.

그리고 간병할 때. 어머니를 굶긴다는 말이 이웃에서 흘러나왔다. 억울해서 며칠 밤을 눈물로 새우다 어머님을 찾아가서 절하고 일어나자 이렇게 말씀하셨다.

"자네 어머니 간병 하느라 고생 참 많았겠더라. 오늘 그 동네에 사는 올게를 만났더니 이웃에 외아들을 키운 할머니가 병석에 눕자 아들이 밥을 굶긴다고 하더라. 그래서 내가 올케 그런 말 함부로 하지 마소 와병 환자가 밥을 적게 준다는 것은 병적 망상입니다. 그 할머니는 우리 봉사회에서 같이 활동을 했던 분이고, 아들은 효자로 상을 받아서 할머니봉사회에 초청까지 했던 사람이요, 다시 그런 말을 또 하거들랑 야단 좀 치시오" 하셨다는 이야기를 듣자 며칠 동안 그렇게도 괴롭혔던 속앓이가 다 나았다. 이렇게 어머님은 고민거리를 풀어주는 해결사였고, 삶의 활력소가 되어 주셨다.

어머님은 무일푼으로 친구 집에 더부살이하면서도, 어쩌다 돈이라도 생기면 불우한 이웃이나 교우에게 아낌없이 베푸셨다. 생활비 없이 살아도 필요할 때면 저절로 돈이 생긴다고 하셨다. 행복의 조건이 무소유에서 비롯한다는 말은 어머님을 두고 한 말인 것 같았다.

지난 16년을 한결같이 아름다운 인연을 나눌 수 있었던 것은 당신의 아들로 부끄럽지 않게 살려는 노력 때문이었다. 어머님은 내가 어렵고 힘들 때 마음의 안식처로서 삶의 의욕을 북돋아 주셨다. 하지만 나는 고작 말동무가 되어 드린 것이 전부인 것 같아 못내 아쉽고 부끄럽다.

지난해 100세를 맞이하여 경남문학관에 진열된 수필집과 사진을 거두어 달라고 하셨다. 세상 떠날 채비를 하시는구나 짐작하였지만, 지병이 없고 무릎이 좀 불편한 것뿐이라 예사로 여겼다.

얼마 전 노인병원에 방문 갔을 때 새 수필집을 읽어보라고 하여 당신의 글을 읽어드린 것이 고별사가 될 줄이야….

어머님은 소원대로 편안히 자는 잠에 영면하여 다행이지만 어머님의 빈자리가 너무나 커서, 언제든지 뵙고자 뒷동산에 '인연'이란 이름의 돌탑을 쌓았다.

당신과의 만남이 어머니의 생전에 바람으로 이루어졌고, 16년 동안 아름다운 인연으로 꽃피웠다.

내세(來世)에 참다운 결실을 거두도록 모든 안일을 멀리하고 치열한 작가 정신으로 살아야겠다.

2

어떤 결심

도깨비 놀이

나는 어릴 적에 도깨비 놀이를 즐겼다. 장난감이 귀하던 시절이라 깨어진 거울 조각으로 놀았다. 그걸 그늘진 벽면에다 비추면, 빛이 거울에 반사되어 밝고 긴 빛이 드러났다. 거울 조각을 손으로 빠르고 느리게 조절하면 빛의 반사가 빚어내는 요지경 세상을 보는 듯 신기했다.

오래전 만성 당뇨합병증을 앓은 어머니의 병간호를 십여 년간 했었다. 제일 힘들었던 건 욕창이었다. 상처가 생기지 않게 마사지하거나 누워있는 자세를 바꾸는 일 외는 달리 방법이 없었다.

어머니를 떠나보내고 한 노인병원에서 근무할 때다. 연세가 드시고, 거동이 어려워 누워만 계시는 환자 가운데는 욕창을 앓은 분이 간혹 있었다.

특히 중환자실의 욕창 환자 중에는 엉덩이에 큰 욕창을 앓는 환자가 더러 있었다. 소독한 후 가제를 한 움큼 정도나 넣은 것을 볼 수 있었는데, 신기하게 환자는 얼굴도 찡그리지 않았다. 알고 보니 욕창 부위의 신경이 마비되어 아픔을 모른다는 것이다. 이런 환자는 얼마 가지 못해 생을 마감했다. "욕창이 생기면 죽는다."는 말은 욕창 치료가 불가능한 사람을 두고 하는 말이다. 그러나 욕창이 시작하려고 발적 하든지 짓무를 때 피부마사지나 체위 변경으로 치료할 수 있다. 무슨 병이나 사전 예방이 가장 중요하고 전조 증상을 보일 때 조치하면 해결할 수 있다.

의료 행위 이외에 치료할 수 있는 좋은 방법이 없을까 고민하다가 무릎을 탁! 쳤다. 순간, 어린 시절에 즐겼던 도깨비 놀이가 떠올랐다. 햇볕으로 자외선치료를 하고 자연 건조하면 효과가 있지 않을까 하는 생각이 스쳤다.

거울로 햇빛을 반사하여 욕창에 비추면, 고통이나 부작용 없이 빠르고 쉽게 치료할 수 있을 것이란 믿음이 갔다. 먼저 내 발바닥에다 시험적으로 빛을 비춰봤다. 햇볕을 쬐는 발과 거울의 빛을 쬐는 발의 온기가 같았다.

어머니 살아생전에 알았으면 당신을 조금이나마 고통에서 벗어날 수 있게 했을 텐데…. 어머니께 못다 한 효를 다하기 위해, 요양원에서 돌보는 분들의 욕창 치료에 최선을 다했다.

한번은 꼬리뼈 자리가 따끔거린다는 할아버지가 있어 살펴보니, 욕창 앓은 흉터가 있고 옆에 짓무른 부분이 있었는데 욕창의 초기 단계였다. 병실 창문틀 위에 손거울 두 개를 올려놓고 욕창에 빛을 쐬었다. 이삼일 지나자 상처가 기적처럼 아물기 시작했다.

원장님이 회진하다 그 장면을 보고 내게 물었다.

“어떻게 이런 방법을 생각했습니까?”

“쉬운 치료법을 생각하다가 혹시나 해서 거울로 반사하게 되었습니다.”

“정성이 대단하십니다. 근무하는데 애로 사항은 없습니까?”

“남자 간병인이 한 사람 더 있으면 좋겠습니다.”

“아, 예 참고하겠습니다.”

욕창은 열하루 만에 나았고, 다른 환자들께도 그 방법을 시도했다. 월급이 올랐다.

수간호사가 어느 날 간병인 팀장으로 날 추천했다. ‘병상 수기’를 쓸 목적으로 취직하여 등단까지 했지만, 팀장을 맡으면 글쓰기에 지장이 많을 것 같아 사양했다.

사람의 능력이란 한계가 있고 사람마다 차이가 있는 것 같다. 평소에 겉으로 드러나지 않는 잠재의식을 일깨울 수 있다면, 내재해 있던 능력을 발휘할 수 있을 것 같다. 어떤 사물을 관찰할 때 깊고 넓게 생각하고 한 측면만 보지 말고 다방면으로 살펴야 한다는 걸 깨닫게 되었다. 또 상상력을 최대한 활용하면 과거에 경험한 일들이 현재 상황과 맞닥뜨려 좋은 성과를 낼 수 있다는 것도.

어릴 적 즐겨 놀았던 도깨비 놀이가, 병간호에 큰 도움이 될 수 있었다니 기분이 좋았던 추억 중에 하나다.

적선 · 1

나는 산행을 하며 웃자란 나뭇가지나 가시덩굴을 보면 그냥 내버려 둘 수가 없어 전지가위로 자른다. 그리고 비바람이 몰아친 다음 날 길에 물이 고이든지 흐르면 물고를 돌린다. 또 나무가 길에 넘어져 있으면 베었다. 내가 안전하고 편리하게 다니고자 한 일이지만 다른 사람에게도 도움이 되어 즐거운 마음으로 했다.

걸어 다니던 시절에, 우리의 어머니와 할머님들은 길에 돌이 많이 있으면 다니기 불편하고 넘어질세라, 비탈길을 오르며 조약돌을 하나씩 주었다. 고갯마루에 이르면 주문을 외며 돌무더기 위에 살며시 올려놓았다. 나 역시 그런 까닭으로 돌무더기를 쌓았다.

등산길에 버려진 쓰레기가 눈에 거슬려 줍게 되었다.

눈에 보이는 것보다 덤불 속이나 돌 밑에 숨겨놓은 수량이 훨씬 많았다. 그런데 비닐이나 플라스틱 종류는 썩지 않고 그대로 깊은 잠을 자고 있었다.

건강을 위해 산을 찾은 사람이 그 산을 오염시키고 있었다. 무신경한 탓인지 너무 영악한 탓인지 모르지만 '누워서 침 뱉기'인 것을 왜 모를까. 세상눈이 두려워 숨겨 놓기까지 하면서 말이다.

등산하는 사람에게 가장 반가운 곳이 옹달샘이고 절실한 것이 시원한 물이다. 그런데 조롱박이 모자라던지 없는 경우가 간혹 있었다. 그래서 쪽박을 가져다 두어도 바가지가 차츰 줄어들었다. 쪽박의 뒷면에다 '항상 건강하세요'라고 글을 썼더니 줄지 않았다. 그 쪽박으로 샘물을 받아 마시며 '아이고! 시원해라.' 했다.

길에 쓰러진 나무나 그루터기를 자르자 등산객이 적선한다고 했다.

초등학교 다닐 때, 나무다리가 하나 있었는데 어느 날 예쁜 콘크리트 다리로 변해 있었다. 이웃 마을에 아들을 두지 못한 부자가 적선하느라 놓았다고 했다. 그러나 나는 하찮은 일을 하며 적선이란 말을 듣는 순간 부끄러웠다.

이런 일을 하며 적선한다고 생각한 적이 없지만, 만일 적선이란 것이 있다면 어떻게 아들 낳는데 한정될까. 남모르게 덕행을 쌓은 사람은 뒤에 그 보답을 받게 되고, 그 덕행은 후손에까지 영향이 미친다고 하지 않았던가.

비 온 뒤 비탈길을 내려오다 나무뿌리를 밟아 미끄럼을 탔다. 다행히 다치지 않고 옷도 버리지 않았다. 뒤따라오던 친구가 너는 좋은 일을 많이 해서 미끄러져도 다치지 않는다고 했다. 듣기 좋게 한 말이지만 나는 고등학교 시절 유도를 배울 때 익힌 후방낙법의 영향이라 믿는다.

예전에 내가 조성한 뒷산 꽃길에 빼곡히 번식한 꽃무릇을 솎아서 지금 사는 뒷산으로 옮겨심기했다. 꽃무릇은 꽃은 피지만 열매를 맺지 않고 뿌리로만 번식하기에 자생력과 번식력이 뛰어나다. 계절에 상관없이 옮겨 심어도 잘 산다. 여름꽃들이 시들은 초가을 추석 무렵에 우뚝 솟은 꽃대에서 새빨간 꽃이 핀다.

꽃을 심는 것을 보고 등산객이 남몰래 파갈 것이라고 걱정을 많이 했지만, 나는 크게 신경 쓰지 않았다. 꽃을 사랑하기 때문에 내가 이식하는 것처럼 꽃을 좋아해서 화단에 옮겨 심을 수도 있다. 이 꽃은 번식력이 강해서 몇 년 지나면 솎아주어야 한다. 그때 파낸 자리에 포기가름하면 되는 문제이다.

그러나 골목길을 가다 남의 화단에 꽃무릇과 눈길이 마주치면 어디서 본 듯하여 되돌아봤다.

내가 조성한 꽃길은 혼자 걸으면 사색의 길이 되고, 연인 따라 꽃 따라 걸으면 사랑의 길이 된다. 그리고 가족과 함께 이야기꽃을 피울 수 있는 화목의 길이다.

오늘도 텃밭에서 탑돌이 하며 몽돌을 박아 새긴 '공덕(功德)을 쌓자'의 뜻을 다시 한번 음미해 본다.

어떤 결심

오래전에 소설 『동의보감』을 감명 깊게 읽었다. 그 시대의 명의인 유의태가 말기 위암으로 죽어가면서 앞으로 만인의 병을 치료할 때, 도움이 되고자 자결하여 몸뚱이를 제자 허준에게 열어 보이는 것이 무척 감동적이었다.

동의보감을 연달아 세 번 읽은 후 나 또한 사후에 장기를 기증하려고 하였으나, 아내가 반대하여 설득하려고 MBC TV 드라마 「허준」을 처음부터 끝까지 함께 방청했다. 그러나 겁이 많은 집사람은 의사들의 필요로 사체를 가르고 잘라내는 장면을 생각하면 끔찍하다고 했다. 결국 아내가 장기기증 신청을 동의하는 데는 3년이나 더 걸렸다.

인간의 마음속 깊숙이 내재하고 있는 것이 죽음에 대한 두려움이라 할 수 있다. 그래서 사람들은 자신이나 가족의 죽음에 관한 이야기를 될 수 있는 대로 피하며 침묵하는 태도를 취한다.

사람들은 대부분 사후에 자신의 육신이 어떻게 처리될 것인가 하는 막연한 불안감을 느낀다. 그 불안감은 나이가 더해가거나 병이 깊어질수록 심리적으로 차츰 가중된다. 그런데 사랑의 장기기증본부에 등록하고 난 후 마음이 형언할 수 없이 평온해졌다. 전혀 예상하지 못한 일인데 사후 육신에 대하여 무의식 속에 잠재한 불안감을 해소함으로써 오는 심리적인 안정감이라 여겨졌다.

죽은 사람에겐 더 이상 필요 없는 장기나 뼈, 피부조직을 그것이 필요한 사람에게 미련 없이 주고 가는 것이 옳지 않을까. "살아 백 년 제 몸 하나 관리하기 힘들고 죽어 백 년 제 무덤 하나 보존하기 어렵다." 하던 말처럼 등산길에서 수풀 속에 방치된 흉한 무덤을 쉽게 볼 수 있다. 장기를 기증함으로써 후손이 묘소를 관리하는 부담을 덜어주는 방편이 될 수 있다.

그동안 장기기증을 염두에 둔 사람을 많이 만났는데 그 필요성은 수긍하면서 선뜻 결정을 못 내리는 가장 큰 이유는 용기가 부족하기 때문이었다.

사체를 해부하면 고통을 받고 태우면 아무렇지도 않을 것인가. 있지도 않을 고통이나 두려움에 대하여 지레 겁을 먹으면 올바른 판단을 내릴 수가 없다. 나를 포함한 모두에게 유익한 일이라면 주저할 필요 없이 단안을 내리는 것이 참 용기가 아닐까.

그리고 의미 있는 죽음을 맞기 위해서라도 육신을 한 줌의 재로 헛되이 날려 보내지 말고 그것이 절실한 사람에게 흔쾌히 물려줄 수 있는 용단이 필요하다. 살아서 남에게 장기를 기증하여 살신성인하는 훌륭한 사람도 있는데, 사후에 장기를 기증하는 문제는 마음먹기에 달려 있다고 볼 수 있다.

마지막 가는 길목에서 장기를 기증하면 많은 사람의 꺼져가는 생명을 구할 수 있다고 한다. 눈의 각막은 나이, 시력에 상관없이 기증되고, 뼈는 선천성 기형 환자나 각종 사고로 뼈가 손상된 장애인의 골격을 복원하는 데 필요하다. 그 외의 장기나 육신은 의학도의 능력이 향상됨에 따라 미래에 수많은 환자를 돌보게 되리라.

나는 장기기증 등록증과 통신비(?)를 항상 몸에 지니고 다닌다. 한 치 앞을 모르고 사는 것이 사람의 일이 아니던가. 불의의 사고를 당했을 때 누구나 즉시 사랑의 장기기증본부에 연락하여 온전한 장기를 남기기 위함이다.

만일 나의 장기를 기증받는 사람이나 가족이 내 뜻에 감응하여 그들도 장기를 기증한다면, '사랑의 장기기증 릴레이'로 이어지지 않을까.

내가 생을 마치고 돌아가는 날엔, 한 줌의 흙이 아닌 백 송이의 꽃을 피울 수 있는 소중한 쓰임이 되기를 간절히 소망한다.

음악 치료

나는 음치였다. 어쩌다 노래하면 폐활량이 적어 호흡이 가쁘고 음성이 낮아서 목청이 좋지 않았다. 더욱이 노래를 즐겨 부르지 않다 보니 노래의 가사를 잘 몰랐다.

어쩌다 잔칫집에서 돌아가며 노래를 부르면 나는 안절부절못하다 슬그머니 자리를 떴다. 관광버스에서 자는 척하다가 벌주를 마시거나 벌금을 내기도 했다. 사회생활을 하려면 두세 곡 정도는 부를 수 있어야 체면유지가 될 것 같았다.

가끔 혼자서 연습하면 아내는 제발 그만두라며 면박을 주었다. 왜 그러는지 물으면 책 읽는 것도 아니고 이야기도 아니란다. 좋은 방법이 무엇인지 되물으면 꺾기를 잘하여 맛깔스럽고 찰지게 부르라고 한다. 가사도 못 외워 쩔쩔매는데 높낮이나 장단을 맞추고 꺾기까지 하라니 나하고는 거리가 먼 이야기였다.

곰곰이 생각해 보다가, 꺾기가 필요한 성인 가요보다는 민요나 동요가 나에게 접합할 것 같았다. 또한, 민요는 선소리를 돌아가며 부를 수 있다. 그리고 후렴도 있지 아니한가. 한 구절을 쉬어가며 부를 수도 있으니 내게 꼭 맞는 성싶었다. 여럿이 함께 부를 수 있으니 이 얼마나 좋은 우리 노래인가 싶다.

민요를 본격적으로 연습하기 위해 민요 노래책, 카세트를 사고 사물놀이패에도 가입했다. 민요는 부를수록 재미있고 사물놀이는 흥을 돋우는 데는 제격이었다. 역시 우리의 것이 제일이라는 사실을 절감했다.

노인 병원에서 일할 때다. 늙고 병든 어르신에게 가장 절실한 것이 약물이나 물리치료보다 정신적 안정이다. 그리고 무료함을 달래주려면 말벗이 필요하지만, 말동무가 되는 것이 현실적으로 쉽지 않았다.

어느 날 아침, 배식 시간이 늦어져 몹시 기다리던 어르신들이 불만을 털어놓기 시작했다. 지루함을 달래려고 아리랑을 함께 불렀다. 몇 시간 뒤 병실을 지나는데 노랫소리가 들려 가보니 할머니가 아리랑을 흥얼거리고 계셨다. 말을 건네자 “김 선생 덕분에 오늘 하루를 즐겁게 보냈소.” 하시는 게 아닌가.

그 일로 인해서 나는 짧은 시간에 많은 어르신을 즐겁게 할 수 있는 방법이 노래라는 사실을 알게 되었다. 그래서 막간이나 여가를 이용하여 민요나 동요를 같이 불렀다. 노래와 춤으로 흥겨운 놀이판도 벌였다. 지팡이를 짚고 춤추는 할아버지 휠체어 앉아서 어깨춤을 추는 할머니들. 침상의 환자가 손뼉을 치는 등 함께 즐기는 놀이마당은, 어릴 적 잔칫집서 장구 장단에 맞추어 신나게 노래와 춤을 추던 그 장면이었다.

산책 시간이나 생활체조 시간 후반에는 노래했다. 「나도 가수왕」이란 프로그램을 만들어 매주 놀이마당을 열었다. 생신날에도 어르신과 지도 선생님이 어울려 노래와 춤으로 신명 나는 잔치판을 벌였다.

합창으로 부르는 동요는 「고향의 봄」이 제일 인기가 있었는데 어릴 적 추억에 젖어 그리워하는 모습이 역력했다. 그리고 민요는 아리랑 중에서 진도아리랑을 가장 즐겨 불렀다. 돌아가면서 한 사람씩 한 구절을 부르면 모두가 후렴을 합창으로 불렀다.

이렇게 민요와 동요를 부르고 즐기면서 어르신들의 무료함을 달랬다. 그리고 언제 돌아갈지 모르는 불안감을 떨치고 안전감을 되찾게 함으로써 활동이나 표정에서 생동감을 느낄 수 있었다.

내가 먼저 신바람을 일으켜 어르신들을 즐겁게 해드린 세월이 한 10년 지나자, 거짓말처럼 오십 평생 앓던 신경성 위장병이 다 나았다. 음악치료는 외로운 노인들에게뿐 아니라 나 자신에게도 큰 도움이 되었으니 최고의 명약이라 할 수 있으리.

청일점

간병인 교육을 여성회관에서 받게 되었다. 여자 수강생이 30여 명인데 남자는 혼자뿐이라 매우 쑥스러웠다. 개소식에서 시장님이 이번 교육에는 청일점 한 분 계시니 재미있고 알차게 하자고 했다.

많은 여자 속에 혼자 있다는 것은 실제 경험해보니 여간 신경 쓰이는 일이 아니었다. 작은 실수라도 하면 웃음의 대상이 될 수 있지만, 잘하면 샛별처럼 찬란히 빛을 발하는 반전의 기회도 삼을 수 있다고 생각했다.

닷샛날은 교육을 마치고 강사님이 나에게 경험담을 이야기하라고 했다. 어머니를 수발하며 가장 힘들었고 그날 배운 욕창에 대하여 말했다.

"제가 겪은 경험을 소개하겠습니다. 어머니께서 당뇨합병증으로 심장병이 도져서 입원했는데, 날로 악화되어 10여 일 만에 전신마비가 되었습니다. 결국, 퇴원하여 집으로 모셨습니다. 10일 만에 난생처음 보는 욕창이 생겼고 며칠 뒤에 하나 더 보태졌습니다. 고통을 호소하는 '아야!' 소리가 비수가 되어 나를 괴롭혔습니다.

의사나 약사한테 상의해도 해결책을 찾지 못했습니다. 의료 행위가 아닌 다른 방법을 모색하려고 오랜 궁리 끝에, 방바닥에 욕창 크기의 구덩이를 팔 작정을 했습니다.

그날 새벽 꿈결에 친할머니가 다리를 절며 나타나서 뒷산 호랑이굴에 가보라고 했습니다. 왠지 호기심이 발동하여 날도 새지 않았으나 집을 나섰습니다. 살을 에는 추위를 무릅쓰고 돌계단을 올라갔더니 보름 동안 애타게 찾던 상처와 바닥을 뗄 수 있는 스티로폼이 그곳에 있었습니다. 그것을 이용한 침대를 만들어 사용하였는데 달포 만에 나았습니다. 일반 환자라면 열흘이면 가능할 겁니다. 이상입니다."

이야기가 끝나자 강사님이 교육 현장을 다니다 보면 이렇게 생생한 체험담으로 한 가지씩 배운다고 했다.

제3회 간병사 시험을 경남 지역은 부산교대에서 치렀다. 그날 응시자가 250명이었으나 남자 수험생은 혼자뿐이었다. 그래선지 시험 감독관인 줄 알고 복도나 화장실 근처에서 어렵게 나온 문제를 질문하면 설명해 주었다.

간병사 합격자 실무 연수교육장에서 강사님이 "오늘의 청일점 김수돌 씨를 소개합니다. 이분은 어머니를 직접 간병하였는데 너무 힘들어 다른 간병자를 돕기 위해 책을 냈고, 어머니를 지극정성으로 돌보아 가락국 시조대왕의 표창까지 받았습니다." 하자 큰 박수로 격려해 주었다.

교육장이나 시험장, 실무 연수교육장에는 항상 남자는 혼자 뿐이었다. 그래서 이방인 같은 느낌이 들곤 했다.

전통적인 유교의 영향을 받아 며느리나 딸이 가족의 병을 수발해 왔다. 그것이 미풍양속처럼 되었다. 그러한 영향으로 20년 전만 해도 일반 병원에서는 남자 간병사를 채용하지 않았다. 다만 노인병원에서는 한 층에 한 명 정도 고용하는 곳이 간혹 있었다. 노인병원에서 가장 힘든 일이 목욕과 물리치료, X-ray 촬영 등인데 환자를 옮길 때는 남자가 힘이 좋아 유리하다. 그리고 노인병원의 80% 이상이 할머니다. 개중에는 기분이 언짢으면 여자 간병사에게 함부로 말하거나 욕설도 서슴지 않았다. 그러나 가부장적인 영향으로 남자 간병사의 말은 순순히 따른다.

이처럼 남자가 유리한 점이 많아지자 여자가 간병을 해야 한다는 고정관념의 벽은 허물어지기 시작했다.

간병사의 대부분은 경제적인 사정으로 입문하였으나 나는 수필의 글감을 찾기 위해 자영업에서 간병사로 직업을 바꿨다. 동료들은 호구지책으로 일하다 보니 몹시 힘들어했지만, 좋은 글을 쓰기 위해 즐거운 마음으로 정성을 다했기에 일 처리나 결과는 본질적으로 달랐다.

2019년 자료에 의하면 배출된 요양보호사는 178만 명인데 지금은 족히 200만 명은 될 것이다. 그중에 25%인 50만 명이 요양보호사로 일하고 있다. 그러나 이제껏 병상 문학을 쓰는 사람을 보지 못했다.

25년 전에 병상 문학의 새 지평을 열었다. 처음으로 병상 수기를 썼고 아직도 일인자로 남아 자랑이고 보람으로 여긴다.

만복(晩福)

노인 병원으로 첫 출근 날. 간판에 '부모님처럼 모시겠습니다.'라는 글자가 대문짝만하게 보였다. 간병사로 직업을 바꿀 때 다짐한 내용이어서 주먹을 불끈 쥐었다.

그 병원 중환자실의 한 할머니는 악성 종양으로 인해 오른쪽 얼굴의 반은 기형에 가까웠다. 그러다 보니 대화는 어눌했고 식사 때 음식을 많이 흘렸다. 수발하기 어려운 점은 식사 후에 양치질해 드리는 문제였다. 생각다 못해 입에 남은 음식을 모두 끄집어낸 뒤 깨끗이 닦아드렸다. 양치를 마치고 턱받이를 걷어내는데 할머니가 목멘 소리로.

"김 선생님은 복 많이 받을 끼요."

"그게 무슨 말씀입니까?"

"이리 개운케 양치하기는 병나고 몇 년 만에 처음이요."

며칠 뒤 할머니가 따님이 끓여온 녹두죽이라며 내게 권했다. 그러자 옆에 있던 딸이 "어머니가 드시던 것을 어찌 드려요?" 하며 펄쩍 뛰었다. 그사이 내가 죽 그릇을 받아서 먹자 "김 선생님은 복 받으실 낍니다." 했다.

나는 그들 모녀로부터 복 받으라는 말을 처음 들었을 때, 형이나 동생 하나 없어 외롭고 박복하게 태어나 고생바가지를 뒤집어쓰고 살았는데, 뒤늦게 이 나이에 무슨 받을 복이 있을까 싶었다. 그러나 복 많이 받으라는 말처럼 기분 좋은 말은 없을 듯하다. 그래서 우리는 "새해 복 많이 받으세요."라는 덕담을 주고받는다.

복이란 이상스럽게도 생각된다. 부유한 환경에서 자란 사람도 그것을 잘 다스리지 못하면 말년에 불행해지기도 하고, 박복하게 태어나도 스스로가 노력하여 고생 끝에 이룬 복은 오래 지속되는 것을 주위에서 흔히 볼 수 있다. 결국, 복이란 누가 주는 것이 아니라 자신이 만들어가는 것이 아닐까 싶다.

복은 눈의 높낮이에 따라 바뀔 수도 있다. 지금 아무리 어렵다고 해도 옛날 보릿고개에 비기겠는가. 상대적 빈곤감에서 행복과 불행을 느끼는 것 같다. 나보다 형편이 나은 사람과 비교하면 초라해질 것이고 나보다 어려운 사람에게 견주면 여유로워 지리라. 그리고 현실을 부정적으로만 받아들이면 한없이 불행해지고, 긍정적으로 받아들이면 작은 것이라도 만족할 수 있지 않을까.

평상시에 돌봄이 끝나면 "수고했습니다", "감사합니다" 하던 인사말을 "복 많이 받으세요"라고 처음 들었을 때는 생소했는데, 그 말을 들을수록 친숙하고 차츰 호감을 느꼈다.

곰곰 생각해 보았더니 정말 복이 들어오는 것을 느낄 수 있었다. 그때 대학 졸업반인 아들은 국내 유수의 대기업에 특채로 취업했고, 딸은 우수한 성적으로 4학년 1학기로 조기 졸업했다.

내 적성에 맞는 일을 찾아 삶의 보람을 느낄 수 있어 즐겁고, 어려서부터 위와 대장이 부실하여 잦은 소화불량, 설사로 만성피로에 시달렸으나 건강해져 신경성 위염을 잊고 활력 있게 생활했다.

한산도에서 오신 어떤 할머니는 이런 말씀을 하셨다.

"사람이 좋은 일을 해서 천 사람에게 칭찬받으면 천복을 받고, 만 사람에게 칭송받으면 만복(萬福)을 받는다."고 했다.

아쉬운 점이나 가려운 데를 긁어주면 "선생님 복 많이 받으세요", "건강하세요"라는 인사말을 빠뜨리지 않는다. 하루에 몇 차례를 들어도 정말 기분 좋은 말이다.

"초년고생은 만년(晩年) 복이란" 옛말처럼 고생 끝에 맞이한 만복 알뜰히 가꾸어서 베풀며 살아가리라.

날궂이

예전에 정신장애인이 평상시 안 하던 행동을 하든지, 멀리서 싸우는 소리가 가까이 들리면 '또 날궂이 한다.' 고 했다. 그리고 연만하신 분들이 팔다리가 쑤시고 아리다며 날이 궂을 것이라고 하면, 어김없이 비가 오는 것을 볼 수 있었다. 그때는 까닭을 잘 몰랐으나 나이테가 늘면서 날씨와 건강 상태가 연관이 있다는 사실을 알았다. 더구나 환자들을 돌보고부터는 환자들의 동태만 살펴도 하루 이틀 날씨는 짐작할 수 있게 되었다.

정신병자나 치매, 중풍 환자는 날이 궂기 전에 2. 3일 전부터 발병한다. 평소에 얌전하게 자리를 지키던 환자가, 궂은날 바닷가 돌 틈에서 고동이 기어 나오듯이 떼를 지어 기기 시작한다. 이러한 행동은 비가 올

때까지 밤낮없이 계속된다.

이렇듯 기후의 변화는 소우주인 우리 인체에도 직접적으로 영향을 끼친다. 건강한 사람은 그것을 별로 못 느끼지만, 일을 너무 많이 해서 골병이 들었거나 교통사고 등으로 크게 다쳤던 사람은 그 후유증으로 통증을 호소하게 된다.

봄이나 가을 환절기에는 감기를 비롯한 각종 질병이 많이 발생한다. 그것은 평소에 우리 몸속에 병원균이 잠복해 있다가 환절기에 인체보다 예민하게 반응하여 일어나는 현상이다. 더욱이 어린이나 노약자는 건강한 사람보다 면역력이 약하고 기후 변화의 적응력이 취약하여 잘 걸리게 된다.

그런데 근년에는 지구촌 곳곳에서 기상이변이 자주 발생하고, 천재지변까지 끊이지 않고 일어난다. 과학자들은 인간이 자연환경을 오염시키고 파괴하여 생기는 현상이라고 말한다. 그런데도 선진국 지도자들은 강 건너 불구경하듯 뒷짐만 지고 있다. 더 늦기 전에 우리나라가 나서야 하지 않을까 싶다.

기후는 변화무쌍하다. 맑은 날이 있는가 하면 구름 낀 날이 있고, 바람 부는 날이 있는가 하면 비 오는 날도 있다. 날궂이하면 미물인 하루살이가 떼 지어 날고 개미가 분주히 장을 보러 가는 것을 볼 수 있다. 우리도 기상관측을 최대한 활용하여 궂은날을 대비하며 살아야 한다.

우리의 삶에도 좋은 일이 있으면 궂은일도 있는 법. 좋은 일에도 흔히 방해되는 일이 많아서 호사다마라고 한다. 궂은일은 날궂이 같은 증상을 안 보인다. 그래서 살아가면서 어려울 때를 고려하여 미리 저축하고 힘들 때 지혜롭게 극복할 수 있는 능력을 배양해야 하지 않을까 싶다.

궂은날이란 말에 우리는 부정적인 이미지를 갖고 있다. 그러나 대지가 가뭄에 목말라할 때 내리는 단비가 있고, 비 온 뒤에 땅이 굳기도 한다. 그것에 어떻게 대처하느냐에 따라 전화위복이 될 수도 있지 않을까 싶다.

어젯밤에는 취침 시간이 한참 지났는데도 환자들이 평시와는 달리 웅성거리며 서성대기 시작했다. 차츰 시끄러워지자 남자 환자가 간호실을 향하여 우렁찬 목소리로 “조용히 할 수가 없소!” 했다. 잠자던 환자들까지 깨어 나왔다.

밤새도록 환자들과 씨름하다 보니 소파에 기대어 앉자 눈꺼풀이 천근만근이다. 날이나 빨리 새었으면 하고 창문을 열었더니 앞뜰에는 가랑비가 내리고 있었다. 어젯밤 숨 막히는 줄다리기가 저 비 때문에….

날궂이의 땜은 끝났다. 날이 밝아지면 비는 그치고 구름 사이로 옷고름 같은 무지개가 나타나길 믿어 의심치 않는다.

기(氣)에 관하여

나는 40대 후반에 허약한 체질을 개선하려고 단전호흡을 배웠다. 그것이 내 몸에 맞았든지 건강이 많이 좋아졌다. 자세를 바르게 하고 기공체조를 하여 24년 동안 앓아 오던 허리 디스크가 1개월 만에 신통하게 나았다.

그 무렵에 말로만 듣던 '기(氣)'의 실체를 스스로 알게 된 계기가 있다.

원장님이 식물에 '氣' 실험을 권했다. 열대성 식물인 옥엽(玉葉)의 가지 두 개를 똑같은 크기로 꺾어서 화분에 심었다. 물은 같이 주되 하나는 그대로 자라도록 하고 한 화분에는 하루에 10분씩 두 번 기를 쏘았다. 달포쯤 지나자 기를 쏜 화분의 옥엽이 갑절이나 커졌다.

원장님께 가져갔더니 기 수련을 열심히 했음을 이 나무가 여실히 보여준다고 했다.

그게 성공하자 감기 환자나 소화불량인 사람이 있으면 기를 쏘도록 했다. 주의할 점은 하루에 한 사람에게 한 번만 하되 15분 이내로 제한을 두었다. 감기에 걸린 학생부터 멸치 회를 먹고 급체한 아주머니에게 기를 쏘았더니 효과가 있었다.

건강이 회복된 나는 자영업을 시작했고 원장님은 대도시로 선원(仙元)을 옮겼다. 혼자서 수련했는데 건강이 회복되자 열의는 차츰 식었고 수련 시간은 자연히 줄어들었고 어느 순간부터 하지 않게 됐다.

어머니께서 당뇨합병증을 앓아 10년 동안 병시중하며 마음을 차츰 비우게 되었다. 당신이 영면에 드신 후 간병일기를 책으로 발간하여, 예상외의 반응에 감동하여 우리 부부는 간병인 자격을 따서 전국 1호 부부 간병사가 됐다.

인근 지역의 한 노인병원에 취직했다. 병원에 입원한 어르신들은 신경통이나 관절염에서 자유스러울 수가 없다. 특히 날씨만 조금 흐리면 통증을 호소했다. 나는 단전호흡을 배우며 익힌 스포츠마사지를 해드렸다. 어르신들에게 기 마사지를 할 수 있도록 동료들에게 기공체조를 가르쳤다. 매일 아침 잔디밭에서 상쾌한 기분으로 기공체조를 했다. 그러다 갑자기 퇴직했다.

통영에도 요양원을 개원한다는 소식을 듣고 찾아갔다. 내 이름을 불러서 어떻게 기억하는지 여쭸더니, 간병일기 『눈물의 노래』 책을 보내주어 잘 읽었다며 반겼다. 이력서에 적힌 자격증 덕분인지 취직이 되었다.

할아버지 한 분이 입소하면서 체했을 때 손가락 끝의 피를 뽑는 사혈침을 갖고 오셨다. 나와 같은 체질이었다. 며칠 뒤 기를 넣었더니 편안해하셨다. 환자들에게 도움을 드리기 위해 기공 수련을 다시 시작했다.

스포츠마사지나 기 쏘기는 단순한 치료 행위를 넘어 따뜻한 마음과 정성이 어린 손길일 때, 서로의 마음이 통하고 믿음이 쌓여야만 치료의 효과가 있다.

어릴 적 배앓이하면 엄마는 나를 업고 약손 할머니에게 갔던 기억이 있다. 할머니가 내 배를 만지면 거짓말처럼 아픈 게 나았다. 세월지나 생각해 보니 그 할머니의 손에도 기가 나오지 않았나 싶다. 할머니처럼, 불편을 겪는 이웃이 있으면 도울 수 있도록, 오늘도 기공체조와 단전호흡으로 기를 쌓고 '옥엽'에 기 실험을 하고 있다.

적선 · 2

나는 어려서부터 위, 대장이 부실하여 소화불량, 설사 등으로 고생을 많이 했다. 그래서 지금도 식후에는 습관처럼 체조와 걷기를 한다. 그 산책길에서 쉽게 경험하기 힘든 값진 체험을 했다.

오래전에 노인병원에서 근무할 때다.

저녁밥을 먹고 나면 동료들과 어울려 산책 다녔다. 그러던 어느 봄날 평소에 다니지 않은 마을 쪽의 길을 가고 싶은 충동에 이끌렸다. 그래서 마을 쪽으로 가자고 동료들에게 말하자 왜 그러는지 물었다. 가면서 이야기하자며 동료의 소매를 잡아당겼다. 마을을 벗어나자 땅거미가 진 콩밭 저만치에 기다란 물체가 희미하게 보였다. 사람처럼 보인다고 했더니 그런 것 같다고 해서 달려갔다.

자루가 긴 호미를 바닥에 떨어뜨려 놓고 할아버지가 죽은 듯이 누워 있었다. 어르신의 이마를 짚으니 식은땀이 맺혀 있어 얼른 사탕을 할아버지 입에 넣었다. 양쪽에서 부축하여 어르신을 밭두렁에 모셔놓고 집 찾을 걱정을 하는데, 그 사이 정신을 차린 어르신이 집 전화를 알려주는 것이 아닌가. 연락하여 할머니가 손수레를 끌고 와서 집으로 모셨다.

당뇨 환자는 가끔 혈당치가 떨어져 조금 전에 어르신처럼 쓰러지는데, 혼자일 경우 일어나지 못하고 사망하게 된다고 말씀드렸다.

이런 현상을 막기 위해 내일부터는 혼자서 들에 나가지 말고, 두 분이 꼭 같이 일하시길 당부했다. 앞으로는 사탕을 꼭 지녔다가 배가 고프든지 피로할 때 사탕을 먹고, 어지럽거나 식은땀이 나도 사탕을 드실 것을 신신당부하고 자리를 떴다.

지난해 여름 저녁 식후 더위도 식힐 겸 산책길에 나섰다. 보통 때는 인도를 따라 빨리 걷는데, 그날은 왠지 학교 운동장으로 가고 싶은 욕구를 느꼈다. 운동장 트랙을 돌고 있는 사람들을 한번 훑어보았다. 아니나 다를까 반대편에서 걷고 있는 할아버지의 불안정한 자세가 눈에 띄었다. 몸은 앞으로 내밀고 머리는 뒤로 젖히며 뒤뚱뒤뚱 걸었다. 쓰러지기 일보 직전이어서 운동장을 가로질러 뛰었다. 넘어지는 어르신의 상체를 겨우

떠받들 수 있어 다행이었다. 119에 전화하고 옆 사람의 도움을 받아 관중석 계단으로 옮겼다. 당뇨가 있는지 여쭈자 고개를 끄덕여서 사탕을 입에 넣어드렸다. 119가 오기를 기다리는데 어르신이 이제는 걸을 수 있다고 했다. 부축하여 학교 정문을 나서자 119가 도착하여 같이 집으로 모셨다. 할머니가 놀라서 안절부절못했다.

앞으로 운동은 할머니와 같이 가실 것을 말씀드리고, 사탕이나 젤리를 꼭 지녔다가 어지럽든지 식은땀이 나면 드리라고 신신당부하고 집을 나섰다.

나는 어머니한테 저혈당 쇼크가 오는 현상을 가끔 보았기에 안색만 보아도 쉽게 알 수 있고 사탕의 놀라운 효능을 알기 때문에 서슴없이 입에 넣어 준다.

배고플 때 먹으려고 지니고 다니는 사탕이 위급한 사람을 살리는 구급약으로 바뀌는 일을, 처음에는 우연의 일치로 여겼으나 차츰 필연적으로 간주되었다.

예전에는 경험하지 못한 일들이 어르신을 간병한 후로 돌발적으로 일어나 처음에는 몹시 어리둥절했다. 그전에는 어르신을 예사로 보아 위험성을 간과하였으나, 노약자를 돌보다 보니 위급한 상황을 남보다 빨리 알아차리는 것 같았다. 그리고 이제는 마음이 충동에 이끌리어 그 장소에 이르면 사람들의 거동부터 살핀다. 그러나 누가 시키는 것처럼 사건의 현장으로 마음이 이끌리는 현상이, 신의 감응인지 계시인지 알 수 없지만 의로운 일을 할 수 있어 기쁘고 감사할 따름이다.

애견인

직업의 특성으로 비추어 볼 때 나는 애견인이다. 오랫동안 회사 경비를 보면서 경비견을 돌봤으니 말이다.

회사에서 경비를 보는 사람들은 개와 가까워져야 한다. 강아지 때부터 키우게 되는데 그놈들에게 사료와 물을 줘야 하고, 배설물을 치우고 주변을 깨끗이 청소한다. 그리고 동작이나 몸의 상태를 유심히 살필 필요가 있다. 프랑스산 '바셋하운드'가 귀를 후비면 귀속의 진드기를 잡아 주고, 진드기가 생기지 않도록 주변에 풀이나 잡초를 말끔히 베어야 한다. 또 피부병이 생기면 약을 처방받아 치료를 해줘야 한다. 그러다 보니 개와 한 가족처럼 가까워질 수밖에 없다.

경비견을 관리할 때 주의할 점이 몇 가지 있다. 사정

권 밖에 있어야 옷에 흙을 묻히지 아니한다. 큰 개는 힘이 세어 거칠기에, 목줄에 발목이 감기지 않도록 조심해야 한다. 간혹 목줄이 풀리거나 끊어져서 날뛰는 경우가 있는데, 입에서 거품을 물때까지 기다리다 물을 주면 쉽게 잡을 수 있다.

나는 여느 날처럼 가까운 유소년 축구장에 걷기 운동하려고 갔다. 둘레를 돌다가 강아지의 배설물을 봉지에 넣는 사람을 보았다. 다음 날도 그랬다. 그 뒷날 운동을 하는 중에, 목줄도 없이 강아지를 데리고 온 젊은 여자가 있었다. 강아지가 볼일을 보고 돌아오자 아무렇지도 않은 척 강아지를 안고 쓰다듬더니 슬며시 자리를 떴다. 또, 그 사람은 기다리기라도 한 듯이 응가를 수거했다.

내가 가까이 가서 인사를 건네자 미소로 화답했다. 모두가 꺼리는 일을 왜 하느냐고 물었다. 젊었을 때 간병사, 요양보호사로 오랫동안 일했다는 것이다. 정년퇴직하고 보니 자기가 봉사할 수 있는 일거리를 찾던 중에, 이 일이라도 해야겠다는 생각이 들어서 시작했다고 한다. 좋은 일 하신다고 했더니 부끄럽다며, 자신의 조그만 수고로 이웃들에게 쾌적한 환경을 줄 수 있는 것으로 만족한단다.

흥미로워 주로 어떤 사람이 응가를 방치하는지 물어보았다.

개똥망태가 없이 다니는 사람은 버젓이 볼일을 보게 하고, 목줄을 풀고 있다가 남이 보면 줄을 매는 척하지만 지나간 뒤

일을 보게 한다고. 볼일을 보는 중에 들키거나 치우지 않으면 부끄러운지 다시는 나타나지 않더라고 했다.

수거하면서 알게 된 사실은 개마다 영역 표시를 위해 각기 다른 곳에 배설하는데, 색깔이나 모양, 크기에서 구별이 된다고 한다. 한 곳에서 두 번 이상 수거하면 다시는 같은 것을 볼 수 없었다니. 개똥 수거하는 사람이 있다는 게 알려졌나 보다.

하루는 거동이 수상한 젊은 여인 옆을 지나쳤는데 아니나 다를까 막 배설한 응가를 수거하려고 앉다가 그녀와 눈이 딱 마주쳤다는 것이다. 그녀는 흠칫 놀라더니 강아지를 끌고 샛길로 뛰어 갔는데 그날 이후로 보지 못했다고 한다.

근래 들어 반려동물 인구가 천만에 가깝다고 한다. 가끔 뉴스에서 반려동물로 인해 불편함과 공포심을 주는 일이 빈번하게 생겼다. 남을 배려하는 성숙한 애견 문화가 정착되기를 간절히 빌어 본다.

3

침 먹은 지네

공붓벌레

초등학교 시절 일손이 없어 집안일에 매달리다 보니 책 보따리는 마루 구석에서 낮잠 자기 일쑤였다. 공부에 흥미를 잃은 나는 6학년 때 한 학기 정도를 학교에 가지 않았다.

어느 날 선생님이 수학여행 독려 차 우리 마을을 방문하여 친구들과 함께 우리 집으로 오셨다. 나는 무척 당황했다. 크게 꾸중할 줄 알았는데 선생님은 웃으시며 나를 꼭 껴안았다. 난생처음으로 사랑의 손길을 느낀 나는 감격스러워 눈시울을 붉혔다. 선생님의 깊은 인상과 설득이 주저했던 내 마음을 말끔히 씻어 주어 학교에 갔다.

중학교에 진학했다.

10살에 입학하여 철이 조금 일찍 들었든지 이제부터 열심히 공부를 해야겠다는 결심을 했다. 공부를 할 수 있는 책걸상을 만들기 위해 초가집 청널을 4개 구했다. 2개는 양쪽 기둥으로 세우고 1개는 그 기둥 위에 걸쳐서 책상 바닥으로 삼았다. 책을 넣을 수 있는 공간도 두었다. 마지막 널빤지는 다리를 4개 만들어 붙여 의자로 만들었다. 난생처음 만든 첫 작품이지만 반쪽으로 켠 널빤지의 바른 면은 손때가 묻어 정겹고 두툼한 뒷면은 묵직하고 든든해서 내 마음에 쏙 들었다.

여름이 되어 책걸상을 하나 더 만들어 숲속에 옮겨놓고 무서움도 잊은 채 밤늦게까지 공부했다. '늦게 배운 도둑이 날 새는 줄 모른다.'고 숲에서 도깨비가 난다는 소문이 나기도 했다.

공부에 재미를 붙인 나는 급장이던 친구보다 일찍 일어나기 위해 늦잠꾸러기였던 내 잠버릇을 고쳤다. 등하굣길에서는 친구와 영어 단어와 낱말 풀이, 한문 등을 문답식으로 공부했다. 처음 배우게 된 영어, 한문, 주산 등은 선생님 질문에 친구를 앞질러 대답하곤 했다. 주산 선생님이 지역 대표 배구선수여서 훈련 기간에는 1, 2학년의 주산을 내가 맡아 가르치기도 했으다. 3학년 때는 4급에 합격했다.

그 주산이 인연이 되어 상고를 지원했고 은행에 취업하려 했다. 그 뜻을 이루기 위해 소풍이나 여행까지 마다하고 오로지 학업에 매진했다. 주산은 1단, 상업부기는 초급대학 수준인 2급

자격증을 획득했다. 교내에서 실시하는 주산대회에서 5개 과목을 모두 휩쓸었다. 은행 지원 과목 위주로 공부하다 보니 장학생은 못 되어도, 최후의 승리자가 영원한 장학생이라는 비장한 각오로 머리를 싸고 코피를 쏟으며 남달리 공부했다.

시골의 상업고등학교는 출제 경황이나 실정에 어두워 일 년에 겨우 한두 명이 은행에 합격하는 형편이었다. 시험을 치른 날 밤 꿈자리에서 새 학생모를 쓴 내 모습을 보고 합격을 예상했다. 열흘쯤 지나 교문 앞에 학생들이 운집해 있어 가보니 게시판의 한 가운데 큼직하게 쓰인 내 이름을 보고 합격을 실감했다. 공붓벌레로 살아온 지난 6년의 세월이 주마등처럼 눈앞을 스쳐 갔다.

어머니께서는 5일장에 다녀오시면 꼭 천 원씩 저축하여 내 학자금을 마련하셨다. 은행에 합격하자 당신은 무척 기뻐하셨고, 첫 월급봉투를 드리자 어려운 형편에도 불구하고 이웃집에 양말을 돌렸고, 일가친척은 내의를 한 벌씩 선물했다.

부단한 노력으로 은행에 합격하자 앞으로 어떠한 일이 닥칠지라도 최선을 다하면 꼭 이루어질 수 있다는 자신감이 생겼다. 그 이후로 내 생활신조는 '최선을 다하면 꼭 이루어진다.'였다. 지금껏 그렇게 살아왔으며 남은 생도 그렇게 살아가리라.

모정의 탑

삼십 대 초반 신아조선에 근무할 때다. 시내에서 버스를 타고 다니기 불편하여 조선소 근처에 집을 지어서 이사를 했다. 마을 어귀에는 충신, 효자, 열녀들을 표창하기 위해 조성한 아담한 동산이 있었다. 그곳을 지날 때마다 눈길을 붙들었다. 어머니는 6·25 전쟁으로 스물여덟에 남편을 여의고 청춘과부가 되었다. 당신의 파란만장하게 살아온 한 많은 삶의 흔적을 남기고 싶었다.

시청 담당자를 만났다. 길을 내거나 확장하면서 옮겨 놓은 비석들이라 했다. 남은 터는 개발하면 옮길 장소이기에, 개인은 불가하다고 했다. 근처에 터를 사려고 여론을 살폈다. 주변에 거주하는 대다수 주민은 찬성하였으나 반대하는 사람도 있었다. 무리할 일이 아니어서 마음속에 어머니의 비(碑)를 세우고 때를 기다렸다.

집도 36년이란 세월이 흐르자 누수가 차고 외풍도 심해졌다. 생활하기에 편리하다는 아파트로 옮기기로 했다.

근무하는 요양원과 가까운 죽림 신도시에 이사했다. 이곳으로 이사 와서도 뒷동산을 자주 찾았다.

어느 날 하산 길에 미끄러져 엉덩방아를 찧고 말았다. 다행히 무사했다. 자갈길이라 한눈팔면 미끄러지기 십상이었다. 그대로 방치하면 누군가 다칠 것만 같아 자갈을 길섶으로 모았다. 그곳을 지날 때마다 계속하여 돌무더기가 쌓여갔다. 이곳으로 이사 오기 전에 도남동에서 텃밭에 돌탑을 쌓았다. 오가는 길손들의 카메라 세례를 받기도 했다. 이왕 돌을 모았으니 다시 탑을 쌓고 싶었다. 폐광산의 쓸모없는 돌일지라도 탑을 예쁘게 쌓으면 볼거리가 될 것 같았다.

탑이 완성되었다. 장마철로 접어들어 비가 많이 왔다. 며칠 만에 갔더니 탑이 무너져 있었다. 비탈진 데다 부엽토 위에 바로 쌓기 때문이었다. 사전 검토를 충분히 하지 않은 탓이다.

터를 고르고 지반을 다져 쌓았다. 탑명을 모정이라 짓고 탑의 상단부에 간병일기 『눈물의 노래』 책을 넣었다. 어머니의 비를 마음속에 간직한 지 40여 년 만에 돌탑으로 쌓았다. 바윗덩이를 내려놓은 것처럼 마음이 가벼웠다.

탑 쌓기에 재미를 붙여 암반 위로 장소를 옮겨 두 번째 세 번째…. 계속 쌓았다. 등산객의 안전을 강조하는 의미로 칠성신을 본떠서 일곱 개를 쌓기로 했다. 여섯 번째 탑을 반쯤 쌓았을 때,

산 주인이 철거하라는 경고성 메시지를 보내왔다. 어머니 돌탑을 철거할 것을 생각하니 암담했다. 일단 만나보고 꼭 철거를 요구하면 딱한 사정을 하소연할 참이었다. 그런데 근처에 모친의 수목장이 있기 때문이라고 했다. 나 또한, 어머니 돌탑을 쌓은 사연을 힘주어 말씀드렸다. 내 손을 잡고 미안하게 되었다며 쌓던 것은 미관상으로 좋게 완성하라고 했다. 놀란 가슴을 쓸어내렸다. 칠성 탑을 쌓으려던 계획은 접었다. 쌓던 탑도 한 손 뗐다.

지난해 가을, 탑산을 지나다 보니 중단한 탑이 허물어지고 있었다. 다시 쌓아 완성했다.

어느 날 전화벨이 요란하게 울려 받아 보니 친구가 숨넘어가는 소리로 말했다. 첫 번째 탑이 큰 바위가 굴러 내려와 무너졌다는 것이다. 탑이 아니었으면 바위는 그대로 굴러 길을 덮쳤을 것이라며 참 신기하다고 했다. 위 언덕배기를 살펴보니 얼기설기 쌓아 둔 바위가 굴렀던 흔적이 있었다.

올봄에 어머니 돌탑을 다시 쌓기 시작했다. 만사 불여튼튼이라 했던가. 언덕배기에 엉성하게 쌓아놓은 바위를 안진하게 손보았다. 바위가 굴러올 만한 길목에는 꽃벚나무를 심었다. 그리고 지반의 침하를 막기 위해 철근콘크리트를 하고, 지진을 견딜 수 있도록 튼튼하게 쌓았다.

탑 아래 두렁에, 송강 정철의 「훈민가(訓民歌)」를 새겼다.

어버이 살아실제 / 섬기기를 다하여라 / 지나간 후면 / 애닯다 어

이하리 / 평생에 고쳐 못할 일이 / 이 뿐인가 하노라

탑 옆 두렁에, 당신이 세부덕이 살아온 한 많은 삶을 『사모곡(思母曲)』으로 지었다.

6·25 전쟁에서 무사히 돌아오길 애타게 기다렸소 / 하느님도 야속하지 무슨 죄로 전사 통지서란 말인가 / 전쟁터로 떠나며 어린 자식 안아보고 / '수돌이 잘 키워 달라'던 당신의 부탁 / 그 언약을 지키는 일이 당신에 대한 도리요 의리이고 / 핏줄을 잇는 것이 당신을 환생시키는 일이라 믿었소 / 비록 하나뿐이지만 여러 명을 기르는 정성을 기울이면 / 열 자식 부럽지 않게 키울 수 있다고 다짐했소 / 칠십 년 고개고개 참사랑을 섬길제 / 임 향한 일편단심 한시인들 잊어리까

탑명: 모정의 탑. 높이 2.5M, 둘레 6M의 원불형 탑.

탑 쌓은 기간: 11년 8개월.

가족관계

어버지 진효 김수업 (1917~1953)

어머니 덕실 하주삼 (1926~2000)

아들 水月 김수돌 / 큰손자 김상준

며느리 도산 송둘선 / 손녀 김상미 / 증손녀 김지아

사위 Nico 프랑스인

작은손자 김상욱

김해김씨 서암공파 대종중 대표 김용환.

창문을 열면 쌍무지개 터*에 모정의 탑이 제일 먼저 눈에 들어온다.

*쌍무지개 터: 처음 이사 왔을 때 창문을 여니 쌍무지개가 떠서 큰소리로 마누라를 불렀다. 우연의 일치인지 모를 일이지만 그 자리에 모정의 탑이 있다. 그런데 안개가 자욱하게 깔리는 현상을 자주 볼 수 있었다. 하도 이상하여 신애원 원장에게 여쭸다. 옆에 있는 운동장 터가 본래 폐광산의 물웅덩이로 동네 아이들의 수영장이었다고 했다. 그러고 보니 운동장 밑에서 지하수가 흐르고 있었다.

특이한 체질

30대 중반에 몸이 허하여 한의원을 찾았는데, 한의사가 진맥한 후에 이렇게 말했다.

"지금 어지럽지 않습니까?"

"예, 어지럽지는 않습니다."

"참으로 특이한 체질입니다."

"자세히 말씀해주십시오."

"혈압, 혈당이 낮고 맥박, 호흡이 느리고 약하며 저체온입니다. 보통 사람이면 앉아 있기조차도 어렵습니다."

내 체질이 소음이어서 위장, 대장, 소장 등의 기능이 허약하여 소화불량이나 설사를 자주하여 식후에는 산책하는 습관이 몸에 배었다. 그러나 활력징후가 낮고 느리다는 사실은 한의원에서 처음으로 알았다.

어려서부터 과일이나 채소, 음료수 따위의 단맛 나는 것을 유달리 좋아했다. 혈압과 혈당이 낮은 내 체질이 당분을 당긴 듯하다. 같은 이유로 배가 고프거나 피로하면 먹으려고 사탕을 항상 지니고 다닌다.

모든 병은 징후(徵候)가 나타날 때 미리 예방 예방하는 것이 최선이다. 혈압약은 한번 복용하면 '끼니는 굶어도 약은 거르지 말라.'고 한다. 더구나 나는 어머님이 당뇨를 앓았기 때문에 가족력(家族歷)이 있고, 공복시에 혈당을 재어 보면 60mg/dl이었다. 보통 사람은 공복시에 혈당이 126mg/dl 이상이면 고혈당으로 인정하고, 50mg/dl 이하면 저혈당 위험 수준으로 인정한다, 나는 저혈당 위험 수준에 근접했던 셈이다.

지난해 가을, 자전거를 타다 넘어졌는데 탈장(脫腸)이 되었다. 수술하기 위해 대기 중인데 의사가 찾아서 갔더니 검사자료를 펼쳐놓고 문진했다.

"어지럽지 않습니까?"

"어지러움은 없습니다만, 바이털이 낮아서 그러하십니까?"

"아니! 그것을 어떻게 아십니까?"

"예전에, 한의사가 활력징후가 다 낮고 느린 특이한 체질이라 했습니다."

"아! 그래요? 처음 본 기록이라 이상해서 찾았습니다."

그러고 보니 특이한 체질을 나만 알고 있을 것이 아니고 집 사람이나 자식들한테도 미리 알려 둘 필요가 있어 보인다. 내가 이야기 안 했다면 수술을 못 했을지도 모른다.

사람의 체질이란 각자의 생긴 모습만큼이나 다를 수 있다. 그래서 한의(韓醫)에서는 태양인, 태음인, 소양인, 소음인으로 네 갈래로 대분류하고 있다.

선천적으로 건강하게 태어나서 튼튼한 사람도 있고, 허약하게 태어나 어려서부터 잔병치레가 끊이질 않은 사람도 있다. 그러나 수명은 전자와 후자가 비례하지 않고 얼마나 건강관리를 잘 관리하느냐에 따라 좌우된다고 본다. 허약한 사람은 꾸준히 운동하여 보완하고, 이상이 생기면 곧장 병원이나 약국을 찾음으로 '골골 팔십'이란 말이 생겼다. 하지만 건강한 사람은 자신의 건강을 너무 지나치게 믿어 운동을 등한시하고, 건강검진까지 받지 않다가 크게 낭패를 당하는 것을 흔히 본다.

사람이 늙어지면 몸의 여기저기에서 이상 증상이 나타나게 마련이다. 미루지 말고 그 원인이 무엇인지 밝혀서 대처해야 한다. 원인을 알 수 없는 경우는 전문의와 상담하면 알 수 있다. 원인이 밝혀지면 운동이나 식이요법으로 해결하는 것이 무엇보다 중요하다. 손쉽게 약물에 의존하면 몸이 자정 능력을 상실하게 되고, 약물에 면역이 생겨서 성분이 강한 것으로 바꾸게 된다. 이렇게 하여 약의 숫자가 늘어나고 오랫동안 지속되면, 백약이 무효인 항생제의 부작용이란 복병을 만날 수도 있다.

건강이 조금 나아졌다고 자만해서야 되겠는가. 건강을 과신하면 스스로 무덤을 파는 일이다. 건강은 건강할 때 조심해야 하지 않을까 싶다.

몸에 물대기

다섯 살 적지만 주민등록상 갑장(甲長)이 있다. 체질이 소음인으로 나와 비슷한 면이 많아 서로 동병상련하는 사이이다. 언젠가 그가 몸이 너무 피로하고 기운이 없어 건강검진을 받았는데, 의사가 진료 기록을 보고 이렇게 말했다고 했다.

"몸속에 가뭄이 들었어요."

"그러면 어떻게 해야 합니까?"

"따뜻한 물을 자주 마시면 됩니다."

몸의 60~70%는 물이다. 체내 수분이 1~2%만 부족해도 몸은 이상 신호를 보낸다. 바로 갈증이다. 이를 계속 방치하면 피로감·근육감소·집중력 악화 등의 증상이 나타난다고 한다.

물은 음식물의 소화·흡수를 돕고 분해된 영양소를 각 기관으로 전달한다. 하여 아침 공복에 마시는 물은 약수라 하지 않던가. 밤사이 몸속에 쌓인 노폐물을 씻어주고 위와 장의 활동을 촉진하여 변비를 막아 준다.

물을 많이 마셔야 건강하게 산다고 생각하는 사람이 적지 않다. 그러나 무조건 많이 마시는 것만이 능사가 아니다. 체질에 따라 다를 수 있고, 앓은 질환에 따라 물 섭취량을 조절해야 한다고 한다.

세계보건기구에 따르면 하루에 본인에게 맞는 물 섭취량은 정상적인 사람일 때 체중×0.03L이라고 기록되어 있다. 이처럼 체중에 따라 하루 권장 섭취량이 달라지고, 날씨가 덥거나 활동량이 많아서 땀을 많이 흘린 경우는 그만큼 더 마셔야 한다. 특히 저체온인 사람에게는 끓인 물과 찬물을 한꺼번에 섞은 음양탕이 좋다고 들었다.

인류가 원시적인 농업과 산업기술을 바탕으로 정착 생활하게 되었을 때 그 중요한 장소는 큰 하천 유역이었다. 이렇듯 인류의 생활과 물은 매우 긴밀한 관계를 유지해 왔기 때문에, 물을 잘 이용하고자 하는 인류의 노력은 끊이지 않고 계속되어 왔다. 또한, 물에 관련된 민속신앙과 설화가 나오는 것도 당연한 일로 생각된다.

친구의 이야기를 듣고 내 식습관을 들여다보았다. 소화가 잘

안 돼 속이 답답할 때가 가끔 있고, 별 이상 없이 몸무게도 줄었다. 그리고 최근에는 입안이 말라 마른침을 삼키는 버릇까지 생겼다. 일이나 등산하며 땀을 많이 흘려서 탈수를 겪곤 했다. 그래서 탈수를 방지하기 위해 운동이나 일을 시작하기 전에는 먼저 물을 마신다.

어떨 때는 갈증을 느낀 후에 물을 자꾸 마시면 배만 부르고 식욕까지 잃은 탈수 현상으로 이어진 적도 있었다.

얼마 전에 서울의 딸내미 가족이 여름 휴가차 내려와서 나들이를 갔다. 딸애는 생수병을 가방에 꼭 챙겼다. 물병을 가지고 다니며 수시로 물을 먹는 손녀의 모습이 인상 깊었다. 평소에 일하거나 등산을 해도 물을 잘 먹지 않는 나와는 너무 달랐다. 변비도 없고 건강한 손녀의 비결이 물 마시는 습관인 것 같았다.

어릴 적에 어머니께서 물을 많이 마시면 건강에 좋다며 '물왕대복'*이라고 말씀하셨다. 그래서 노인 병원이나 요양원에 근무할 때, 환자들에게 물을 자주 권했다. 처음에는 잘 드시다가 거부하는 어르신도 있었다. 그럴 때마다 나는 물왕대복이란 말을 많이도 우려먹었다. 그러면서도 정작 나는, 왜 여태껏 어머니께서 가르쳐 주신 말의 참뜻을 받아들이지 않았을까?

후회해 봤자 소용없는 일, 이제부터라도 손녀가 일깨워 준 대로 물을 자주 마시는 습관을 길러야겠다.

*물왕대복: 물을 많이 마시면 건강에 좋다고 1950년대까지 어르신들이 흔히 사용했던 말이나 지금은 사용하지 않는다.

침 먹은 지네

나는 걸음마를 배우고부턴 어머니 가는 곳이면 치맛자락을 붙잡고 어디든지 따라다녔다. 논이나 밭에서 일하면 종일 엄마 얼굴을 보면서 놀았다. 나이 들어 생각해보니 당신을 얼마나 귀찮게 해드렸는지 부끄러웠다. 당신께서는 싫다는 내색을 전혀 하지 않으셨다. 나이 어린데다가 같이 놀아줄 형제들도 없었고, 초등학교 입학 전까지 젖을 먹었으니 말해 무엇하리.

마을 어르신들이 나를 놀리거나 겁을 줄 때는 "너희 엄마 도망간다." "보쌈 잡혀갔다." 등 도망과 보쌈이란 말을 많이 쓰셨다. 우스갯소리로 했다지만 내겐 큰 상처가 되었다.

전혀 근거 없는 말이라도 여러 사람한테서 계속해서

듣고 보니 어린 나로서는 어머니가 도망가거나 보쌈으로 잡혀 갈까 봐 잠시도 떨어지지 않았다는 것을 그들을 알까. 무심코 던지는 돌이 개구리에게는 생사를 가르는 심각한 위기나 타격이 될 수 있다는 걸 몸소 체험하며 살았다.

장날에 여객선의 뱃고동 소리에 엄마의 발걸음이 갑자기 바빠졌다. 나룻배는 장에 가는 사람들만 태우고 나는 태워주지 않았다. 산그늘이 내리면 선착장에 나가서 보고 싶은 엄마를 하염없이 기다렸다.

당시 여름이면 모깃불을 피워놓고 동네 아주머니들이 초롱불 주위에 둘러앉아 길쌈을 밤늦게까지 했다. 겨울은 등잔불을 방 가운데 켜놓고 서너 명씩 물레질했다. 봄, 가을은 밤낮으로 시간만 나면 베틀에 올랐다. 나는 따분하고 졸려도 내색하지 않고 일이 끝날 때까지 기다렸다. 내가 엄마 곁에서 불침번을 서는 이유를 알지 못하는 아주머니들은 "수돌이는 신기하게 잠을 자지 않네!" 하셨다. 어르신들이 장난으로 던진 말이 내 마음에 그늘을 드리워서 침 먹은 지네로 만들었다.

어릴 적에 제법 똑똑하다는 말을 들었는데 어른들의 장난기 같은 말을 계속 듣고 보니 성격도 조금씩 변해갔다.

밤늦게까지 어머니의 불침번을 서다 보니 늦잠꾸러기라는 나쁜 버릇이 생겼고, 어른들께 말 한마디로 제대로 못 하고 냉가슴을 앓다 보니 내성적이고 소심하여 말수가 줄었다. 그게 불면증의 원인이 되었는지 모를 일이다.

어머니를 병구완하면서, 유년 시절의 상처를 말씀드렸다. 선창에서 벌였던 일. 길쌈하고 물레질할 때. 베틀질할 때 불침번 섰던 속내를 처음으로 털어놓았다. 동네 어른들의 말처럼 엄마가 도망갈까 보쌈으로 잡혀갈까 봐 힘들어했다고 말씀드렸다.

"원, 세상에. 그랬었구나! 외로움을 타서 그러는 줄만 알았는데…. 어쩌노? 많이 힘들었겠구나! 그래도 이만큼 잘 커 줘서 고맙다."

"약하게 태어난 날 이렇게 건강하게 키워주셔서 감사드립니다. 힘닿은 데까지 어머니께 효도할게요."

수십 년간 쌓였던 말을 허심탄회하게 풀어냈더니 마음속의 응어리졌던 옹이가 흐물거렸다.

난 성장 과정에 있었던 경험을 바탕으로 자식이나 손주들에게 상처 주는 말을 하지 않으려 부단히 노력하며 살았다. 어른들은 아이에게 말을 할 때 기분 내키는 대로 함부로 말해선 안 될 일이다. 애들은 감수성이 예민하기에 다정하면서도 고운 말을 해주어야 한다. 불안감을 조성하는 극단적인 말은 정신적으로 씻을 수 없는 큰 상처를 줄 수도 있다. 가족뿐 아니라 주변 사람들께도 격려하여 미래의 꿈을 키울 수 있는 말을 해주는 사람이 되게 더 노력해야 하리라.

단전호흡

단전호흡이란 단전으로 숨을 쉬는 정신 수련법의 하나이다. 단전은 세 곳으로 나누는데, 상단전은 정수리, 중단전은 명치끝, 하단전은 배꼽 아래를 말한다. 보통 단전호흡하면 건강증진과 마음을 순화시키는 하단전을 이른다. 즉 배꼽 아래 한 치 다섯 푼(자기 집게손가락의 길이) 되는 곳이다.

단전호흡을 하기 전에 기공체조를 하고 호흡이 끝나면 명상하지만, 여기서는 지면 관계로 단전호흡 부분만 서술한다.

일반 호흡으로 가슴, 배, 아랫배 호흡을 크게 두 번씩 하면서, 몸속에 쌓인 먼지를 마음속으로 내뿜는다. 그리고 단전호흡을 시작한다.

1. 코를 통하여 천천히 가슴으로 최대한 많이 들이쉰다.

2. 입으로 천천히 내쉬는데 마지막에 힘을 주어 모두 내뿜는다.

3. 코로 천천히 단전에 최대한 많이 들이쉬어 멈춘다.

4. 단전에 멈춘 상태에서 마음속으로 숫자를 센다.

5. 숫자는 오른쪽에서 하나~열, 왼쪽에서 하나~스물, 오른쪽에서 하나~서른, 왼쪽에서 하나~마흔. 초보 단계에서는 마흔 정도에서 숨을 내쉰다.

이것이 한 호흡이다. 여유가 생기면 숫자를 늘려도 된다. 처음에는 뱃가죽이 당기지만 자연히 나아진다.

호흡에서 중요한 것은 천천히 들이쉬고 내쉰다. 숨소리가 들리지 않을 정도로. 숫자를 셀 때 정신을 집중해야만 한 호흡에 일정한 수를 셀 수 있다.

이 단전호흡을 일주일 정도 계속하면 신진대사가 원활해지는 좋은 반응이 나타난다. 기공 체조를 병행하면 자세가 바르게 고쳐지면서 관절통과 신경통에서 벗어날 수 있다. 한 달 정도 하면 어느 날 갑자기 기(氣)의 실체를 감지할 수 있게 되는데, 사람에 따라 빠를 수도 있고 감지 못하는 사람도 있다. 감지하면 신뢰감이 생기는 장점이 있으나 감지 못해도 꾸준히 하면 할수록 건강증진과 정신 수련은 쌓인다.

옥엽 따위를 두 개의 화분에 꺾꽂이하여 물 주기는 같이 하고 하나는 자연 상태로 자라게 두고 하나는 하루에 10분씩 손

바닥의 장심을 통하여 기를 쏜다. 그러면 15~30일 정도 지나면 옥엽의 성장 상태가 월등하게 차이가 남을 볼 수 있다. 기의 효능을 직접 봄으로써 기의 실체를 피부로 느끼는 자극제가 된다. 그다음 단계의 실험은 옥엽 실험이 끝난 뒤 차후에 할 예정이다.

단전호흡이 왜 건강이 좋아지고 마음을 순화시키는지 알 필요가 있다. 하늘과 땅 사이에 가득한 원기와 기개(氣槪)를 호흡으로 하단전에 축적하기 때문이다. 사람이 활동하는 힘은 섭취한 음식을 신진대사를 통하여 얻는다. 그리고 대기권에 있는 원기를 자연스레 호흡으로 얻게 된다. 이 원기를 효율적으로 받아들여서 축적하는 것이 단전호흡의 핵심이다.

단전호흡은 건강증진은 물론 마음을 순화하는 역할도 돕는다.

먼저 올바른 가치관을 형성한다. 자기를 포함한 어떤 사상에 대하여 가지는 평가의 근본적인 태도가 도덕적인 가치관으로 바뀐다.

다음은 부정적이던 사고가 긍정적으로 바뀐다. 어떤 일이나 사물을 긍정적으로 접근하고 결과에 삶의 보람을 느끼게 된다.

그리고 현실에 안주하려는 수동적인 자세가 한발 앞서 나가는 능동적인 자세로 전환된다. 무엇을 하고자 하는 적극적인 마음이나 용기를 가지게 되고, 어려운 현실을 타개할 수 있는 정신력이 생긴다.

또한, 소심하거나 무서움을 많이 느끼는 사람은 적극적이고 대범하게 변한다.

한 가지 꼭 유념할 점은, 건강과 의욕이 균형을 이루어야 할 필요가 있다. '재미난 골에 범 난다.' 했던가, 재미를 붙여 지나치게 자주 기를 쏘면 절대 안 된다. 내 논에 물이 차고 넘칠 때 아래 논으로 물을 흘려보내야 하는 것처럼. 단전에 기가 찬 뒤에 절제하여 쏘아야 한다.

별명에 대하여

사람의 외모나 특징을 바탕으로 남들이 지어 부르는 이름이 별명이다. 키가 크다고 '키다리' 작으면 '땅딸보'라고 했다. 뒤통수나 이마가 튀어나온 사람은 '짱구' 입이 크면 '아구' 말이 많거나 빠르면 '따발총' 콧방귀를 자주 뀌는 사람은 '똥쟁이'라고도 했다.

어릴 적에 친구들에게 놀림을 당하는 별명은, 조금 이상하게 들리는 이름을 좋지 않게 변형해서 부르기도 했다.

나는 어린 시절에 '수돌'이라는 촌스러운 이름 때문에 놀림감이 되곤 했다. 작은 실수라도 하면 '썩돌이' 일을 야무지게 처리하면 '차돌이' 성질이 여리면 '물돌이'라 했다. 듣기 언짢은 별명은 아버지가 전사하고도 보훈 혜택을 못 받아 외롭고 서럽기 그지없는 내 입장은 아랑곳없이, 친구들은 현충일 노래를 부를 때마다 조국의 '원수돌이!'라고 목청껏 노래했다. 좋게 불리는 별명도 있었다. 간병사가 되어 환자의 손발이 되자, 자신이 닳아서 연장의 날을 세우는 숫돌을 닮았다고 '숫돌이'라고 했다.

이름과 상관이 없는 별명도 있었다. 어머니의 당뇨병 때문에 '당뇨 박사', '욕창 박사'라고 불리었고, 외지인이 통영의 역사나 지리를 물으면 소상히 설명해 주어 '봉숫골 도사'로 통하기도 했다.

누구보다 많은 별명이 있었지만, 그것 가지고 친구를 미워하거나 다투지는 않았다. 별명을 부를 때마다 맞대응하여 흥미를 유발하면 진짜 별명이 될 것이고, 주변 친구들까지 맞장구라도 치면 감내 못할 것 같아 도외시해 버리자 시들해졌다.

한때 법원에 가서 이름을 바꾸려고 상담했으나 지금은 생각이 바뀌었다. 내 이름은 듣기는 촌스러워도 기억은 잘 되는 듯했다. 오랜만에 지인이라도 만나면 나는 상대의 이름을 기억 못해 쩔쩔매지만, 그 사람은 내 이름을 신기하게 잘 알고 있었다. 그런 이름을 뒤늦게 바꾸어 혼란을 줄 필요가 없다는 생각이 들었다.

고향 마을 이름이 좋아서 내 호(號)로 삼아 수월(水月)이라 지었고, 글을 쓰면서 지은 필명인 남도(南島)가 있다.

이름을 바꾼다고 운명이 바뀌겠는가. 자신의 굳은 의지와 부단한 노력 여하에 따라 운명은 개선될 수 있지 않을까 싶다.

그 옛날 내 별명을 불렀던 짓궂은 친구들이 이제 그리워진다.

불면증

충분히 잘 기회가 있음에도 불구하고 잠을 못 자는 게 불면증이다.

잠이 들기 어렵거나, 자다가 자주 깬다든지, 너무 일찍 잠을 깨는 경우, 충분히 잤는데 졸리는 경우 모두 불면증이라 부를 수 있다.

평소에 규칙적으로 충분히 자는 습관이 중요하다. 매일 일정하게 일어나고 침상에 누워있는 시간을 일정하게 지키도록 노력하는 것이 좋다. 저녁에 따뜻한 물로 샤워하거나 명상을 하는 등 심신을 이완할 수 있는 활동도 잠을 깊이 자는 데 도움이 된다. 잠자기 전에는 중추신경을 자극하는 카페인, 니코틴, 알코올은 금물이다. 저녁은 과식하지 말고 잠자기 3시간 전에는 음식 섭취를 피하는 것이 좋다. 배가 고프면 따뜻한 물을 마시면 된다.

낮잠은 무기력함과 혼미함을 양산할 수 있고 그로 인하여 불면증으로 고생하게 되므로 낮잠을 자지 않는 습관이 필요하다.

가장 중요한 것은 불면증의 원인을 찾고, 원인이 있는 경우 이를 제거하는 일이다. 걱정의 80%는 하지 않아도 될 걱정이라지 않는가.

불면증을 앓은 원인도 다양하지만, 치료 방법 또한 사람에 따라 다를 수밖에 없다. 나는 어릴 때부터 가끔 잠을 설치는 기간이 있었다. 그러나 그 시기가 지나면 정상으로 회복되어 크게 신경 쓰지 않았다. 그러나 인생살이의 나이테가 늘어나면서 차츰 심해졌다.

그 해소 방법으로 잡념이나 망상을 떨쳐 버리기 위하여 숫자를 센다. 입안이 건조해지지 않도록 사과를 세어 상자에 담으면 집중이 잘된다. 한 상자를 담아도 잠들지 못하면 세기를 중단하고, 뇌에 피로감을 주기 위하여 혀 돌리기를 한다. 먼저 잇몸과 입술 사이를 혀에 힘을 주어 10~15회 시계방향으로 돌린 뒤 반대 방향으로 돌린다. 다음은 잇몸 안으로 혀에 힘을 실어 오른쪽으로 10~15회 왼쪽으로 10~15회 돌린다. 혀 돌리기 중에 하품이 나오면 멈추었다 하면 된다. 하품이 이어서 나오면 집중해서 사과를 세워 담으면 된다. 마지막으로 힘주어서 혀 내밀기를 한다. 혀가 피로할 때까지 마음속으로 숫자를 세며

바로, 위, 아래쪽과 오른, 왼쪽으로 바꾸어 가며 한 뒤 과일을 세워 담으면 잠들게 된다.

여기까지 진행하여 실패한 경우는 누워서 책을 읽거나 음악을 감상하면 자신도 모르는 사이에 잠들 수도 있다.

불면증을 앓아 보지 아니한 사람은 이런 이야기가 생소하겠지만, 불면증을 앓는 사람의 괴로운 심정은 이루 말할 수 없다.

신경정신과에 처방받으면 쉽게 잠들 수 있지만 장기간 복용하면 면역력이 생겨서 효능이 떨어진다. 그러면 더 강한 수면제를 먹게 되므로 약을 계속하여 복용하지 말고, 심할 때 하루나 이틀 약을 먹어서 제대로 잠들 수 있으면 다시 불면증이 올 때까지 약을 끊을 필요가 있다. 이렇게 반복하면 적응하여 습관화할 수 있다.

예전에 가뭄이 들면 어머니께서 웅덩이 물을 하나둘 세면서 펐다. 나는 마음속으로 따라 숫자를 헤아렸다. 요즘은 그때 나이인 손녀와 숫자를 세다가 잠이 쉽게 든다. 혼사 셀 때는 잠이 들 때까지 계속했지만, 이제는 손녀와 참다래(골드키위)를 상자에 세어 담는다. 내가 참다래 하나요 하면 손녀는 참다래 둘이요 한다. 혼자 할 때는 한 상자 정도를 세어야 하품하기 시작했다. 고사리 같은 손으로 집어놓은 것을 떠올리면 미소가 저절로 나온다. 숫자를 따라 세지 않고 다음 숫자를 신통하게 세어서 열 개만 세어도 하품이 연달아 나온다. 그러고 보니 손녀가 불면증의 특효약이 되었다.

자전거 사고

고등학교 3학년 말에 가졸업을 하고 그물 공장에 실습생으로 취업하여 출퇴근용으로 자전거를 이용했다. 야근을 하고 다리를 건너려는 순간, 밀물에 뜬 둥근달에 한눈팔다가 어이없이 물속으로 빠졌다. 엉겁결에 뭍으로 기어오르자 너무 추워서 집으로 달음질쳤다. 다음 날 썰물 때 모래톱에서 자전거를 끌어 올렸으나 정나미가 떨어져 고물상에 갖다 주었다.

50대 초반에 무릎관절염을 심하게 앓았다. 어느 날 아침에 일어나려는데 다리가 펴지지 않아 기어서 화장실을 찾았다. 정형외과에서 퇴행성관절염을 검사하여 2기 판정받았다. 2개월 동안 여러 가지로 치료하여 통증이나 활동에는 지장이 없었지만, 본능적인 느낌으로 완

치되지 않은 상태로 치료를 중단하며 의사와 상담했다. 무릎관절염을 예방하려면 어떤 운동이 적절한지 질문하자, 자전거나 수영을 권장하였으나 수영은 제약 조건이 많아 편리하고 쉬운 자전거를 다시 타게 됐다.

자전거를 타는 것은 장소, 시간, 나이에 제한받지 않는다. 집을 나서면 무동력, 친환경으로 내 발 내 힘으로 페달을 밟아 어디든 갈 수가 있으며, 맞바람을 맞으며 달리는 상쾌함이 매력적이다.

운동량을 내 몸에 맞게 조절할 수 있다. 처음에는 평지에서 타기 시작하여 조금씩 강도를 높여서 거리를 늘리다 보면 서서히 익숙해져서 근력과 폐활량이 자신도 모르는 사이에 좋아진다.

20년 넘게 자전거를 꾸준히 탔더니 다리 근력이 강화되어 무릎관절염을 잊고 살았다, 그런데 지난해 지하 주차장에서 자전거를 타고 가다 잘못하여 핸들이 갑자기 꺾여서 넘어졌다. 자전거 위에 엎드러졌으나 어딘지 알 수 없는 심한 통증에 신음소리를 내며 누가 볼세라 주위를 둘러보았다. 일어나도 움직임에는 별 지장이 없어 집으로 가서 살펴보니, 작은 상처에는 피가 엉겨 있고 그 옆에 혹처럼 부어 있어 누르면 들어가고 그대로 두면 나왔고, 반듯이 누우면 들어가고 앉으면 다시 나왔다. 통증이 차츰 사라져서 혹이 없어지길 기다리던 중, 재채기하자 통증이 재발하여 혹이 심상치 않음을 깨달았다.

가까운 의원으로 갔으나, 의사가 다친 경위를 묻고 검진해 보고 탈장(脫腸)이라며 큰 병원으로 곧바로 가라며 소견서를 써 주었다. 병원으로 가서 X레이 이외의 몇 가지 검사를 마치고 다음 날 수술 예약하고 입원했다. 한 시간 정도의 수술을 마치고 병실로 와서, 4일 입원하고 15일을 통원 치료했다.

자전거는 수시로 점검하고 손질해야 불의의 사고를 미리 예방할 수 있다.

자전거를 탈 때는 앞을 멀리 보고 도로 상태나 상황을 잘 파악해야 하고, 한눈을 팔거나 손전화를 하는 것은 금물이다.

사고는 순간적으로 일어나기 때문에 자만하거나 잠시도 방심해서는 안 된다.

자전거는 바퀴가 2개이므로 일정한 속도 아래로 떨어지면 넘어지게 된다. 이때 양쪽 핸들을 잡고 있으면 위험하지 않지만, 한쪽 손으로만 잡아 방향이 갑자기 꺾이면 자전거와 함께 넘어지면서 크게 다칠 수도 있다.

달리는 자전거의 바퀴가 쉴 새 없이 돌아가는 것처럼 우주 만물은 끊임없이 돌고 변하고 있다. 시대의 추이에 따라 사물을 보아야 하고 생각도 바꿔야 할 것이다.

자전거는 일정한 속도가 유지되어야 넘어지지 않고 달리듯이, 우리의 인간관계도 사랑과 관심이 변함없이 지속될 때 원만하지 않을까 생각된다.

자전거를 타다 살짝 부딪치거나 스치기만 해도 넘어지고 사람도 같이 땅에 떨어지는데, 사고의 심각성은 예측할 수 없는 일이다.

'만사불여(萬事不如)튼튼'이라 했던가.

이번 사고를 계기로 자전거를 타려면 집에서 안전모부터 쓰는 습관을 길들였다.

내일을 위하여

코로나19가 창궐하여 거리두기로 모임이나 외출을 자제하고 집에 머무는 시간이 많아졌다. 하지만 하는 일 없이 골방지기가 되는 것이 말처럼 그리 쉬운 일이 아니었다.

시급한 문제가 운동 부족을 해결하는 일이었다. 헬스클럽이나 운동장은 이용하려고 해도 폐쇄되거나 제한적이고, 산책길을 이용하려면 자연적으로 사람들과 마주칠 것이 아닌가.

사람들이 적게 다니는 이른 아침이나 오후 늦게 자전거를 이용하면, 시간이 절약되고 거리두기도 지킬 수 있을 것 같아 시도해 보았다. 30분 정도면 상쾌한 바람을 가르며 8km 이상을 달릴 수 있고, 간단한 운동기구까지 이용할 수 있어 마음에 들었다. 오전 일찍 호젓한 오솔길을 산행하며 사색을 즐겼다. 초저녁에는 강둑길을 걸으며 물소리 바람 소리 등으로 자연과 벗하고 달은 다정한 길동무가 되어주었다.

집에서 머무르는 시간에는 책 읽기와 글쓰기를 했지만. 며칠 해보니 따분해졌다. 살아오면서 어떤 대상에만 정신을 집중해 본 적이 있었는지 생각해 보았다. 중고등학교 시절에 여름이면 숲에서 밤늦게까지 공부했으나, 오직 독서에 심취하여 무서움을 전혀 느끼지 못했다.

아버지를 일찍 여의어서 독신이었기에 가장의 역할을 해야만 했다. 자력으로 앞날을 개척하기 위해서는 공부를 열심히 하지 않을 수 없었다. 당시는 앞날을 예측하기 어려운 시대였다. 아무리 어렵고 힘들어도 극복할 수 있는 의지와 용기가 필요했고, 걸림돌을 디딤돌로 삼아야만 했다. 그러나 현재는 역병으로 인한 암울한 현실을 타개하기 위한 생활 방편을 찾기 위함이었다.

모든 사람이 역병을 극복하고 하루속히 일상으로 회복되길 바랐다. 그러나 코로나19는 전 세계적으로 확산했고 백신을 개발하여 접종해도 수그러들지 않고, 변이 바이러스로 오히려 더 기승을 부리고 있다.

장기전에 대비하여 공부하는 방법을 바꾸어 한 가지 일에 마음을 집중할 수 있도록 했다. 독서는 소리를 내어서 정독하고 암기 과목은 꼭 필기하면서 낭독했다. 한 시간 단위로 쉬며 번갈아서 했다. 쉴 때는 기공 체조와 단전호흡으로 심신 수련을 한 뒤 10분가량 누워서 편안히 휴식을 취했다.

나는 어려서부터 물을 잘 먹지 않는 나쁜 습관이 있었는데, 멈춤의 시절을 맞아 활동량이 줄어들자 자연히 수분 섭취량도 줄었다. 소화가 잘 안 되고 입안이 말라 마른침을 자주 삼켰다. 그리고 마음이 불안하고 산만해졌다.

몸의 수분이 1~2% 부족하면 갈증이 나고 5% 부족하면 혼수상태에 이른다고 한다. 이런 현상을 미리 방지하기 위해 수분 섭취량을 늘리자, 신진대사가 활발해져 소화가 잘되었고 배변이 원활해졌다. 그리고 마음이 안정되면서 집중이 잘되었다.

나이 들며 모든 활동이 위축되었으나, 규칙적으로 운동하고 나쁜 습관을 바꾸자 건강이 조금씩 증진되었다. 건강이 회복되어 자신감을 되찾고 의욕적으로 일할 수 있어 무엇보다 기쁘고 보람차다. 코로나19를 극복하기 위해 기울인 노력이 기대 이상의 좋은 성과를 올렸다.

내일을 꿈꾸며 '고목에도 꽃을 피운다.'는 말을 마음속으로 음미해 본다.

4

동양의 나폴리 통영

고향의 보물

내 고향에는 마을을 수호하는 바람막이숲이 있다. 초등학교 시절에 여름이면 같은 또래끼리 느티나무나 팽나무에 올라가서 놀았다. 나무에 오르지 못하는 어린이나 여학생들은 그네타기를 하며 즐겼다. 신나게 놀다가 배가 고프면 팽나무 열매를 따서 먹었다. 나무를 못 타는 애들을 위해 나뭇가지를 흔들어 열매가 우수수 떨어지면 애들은 환호성을 질렀다.

중학교에 진학하고부터는 공붓벌레가 되었다. 여름이면 숲속에 내가 만든 책걸상을 놓고 밤늦게까지 공부하곤 했다. 어른들은 안 무서운지 물었지만, 공부에 전념하여선지 무서움은 전혀 느낄 수 없었다. 중학교를 졸업한 뒤 통영으로 이사하면서 숲은 자연히 멀어졌다.

도산 면지 편찬 집필위원으로 위촉되면서 고향을 자주 찾다 보니 숲을 재조명하게 되었다. 마을을 수호신처럼 지켜주는 숲의 소중함을 모르고 지낸 것이 부끄러웠다. 더구나 나는 일찍이 숲의 구원(救援)을 받았고 공부방으로 활용한 때가 있었다.

대여섯 살 적이었다. 보리논에서 품앗이 김을 매는 어머니를 따라온 또래 아이들과 들판에서 뛰어놀았다. 그러다 웅덩이 두레박 자리에서 미꾸라지를 잡으려다 물속에 빠져버렸다. 헤엄을 칠 줄 몰라 허우적거리고 있었다. 친구들은 내가 물장난을 치는 줄 알고 웃기만 했다. 물속으로 들어갔다 나오기를 반복하며 힘이 빠지고 의식이 가물거렸다. 그때 논둑길을 걸어가던 나무꾼이 있었다. 숲에서 갑자기 일어나는 바람 소리가 심상찮아 아이들이 있는 웅덩이로 달려와서 나를 구했다고 했다.

며칠 뒤 어머니는 나무꾼에게 감사의 인사로 쌀 한 말을 주셨다. 그리고 숲이 세찬 바람 소리를 내어 나무꾼을 불렀다고 여긴 어머니는, 웅덩이에서 가까운 큰 나무 밑에 제(祭)를 올렸단다. 그러나 나는 웅덩이에 빠져 사경을 헤맸던 일을 또렷이 기억하면서 여태껏 숲의 고마움을 잊은 채 60년 넘게 살았다. 그래도 신목(神木)은 너그럽게 내가 철나기를 기다려주었다. 무엇으로 보답할까 생각하다 숲에서 잘 자라는 꽃무릇을 심기로 작정했다.

시청에 만 본을 신청하였으나 묘목이 준비 안 되어 연차적으로 진행할 예정이라고 했다. 그래서 내가 뒷산 등산길에 심어 놓은 것을 포기가름해서 삼천 본을 준비했다. 마을 주민의 도움으로 숲속 산책로 길섶에 심었다. 그 뒤 시청에서 열 평 정도의 자갈밭에 황토를 넣어 삼천 본을 더 심었고 산책로를 다시 단장했다.

일제강점기, 일본 사람들은 마을 주민이 신성시하는 숲을 훼손할 목적으로, 숲에서 가장 큰 나무를 베어 싣고 나가다 포구를 벗어나지 못하고 파선됐다. 이를 지켜본 마을 사람들이 그 나무를 벤 그루터기에다 커다란 돌탑을 쌓아, 해마다 정월 대보름날이면 동신제를 지내게 됐다고 한다. 그런데 5·16혁명 후 미신을 타파한다며 탑을 허물어 지금은 그 흔적조차 찾을 수 없게 됐다.

사라진 것은 돌탑뿐이 아니다. 지금의 해안도로가 생기기 전에 숲 앞에는 수백 미터에 걸쳐 몽돌해수욕장이 있었고 밀물 때는 백사장이 펼쳐졌다. 숲과 백사장은 환상적으로 조화를 이뤘다. 그런데 전통적인 유교문화의 영향으로 해수욕을 반대하는 사람들 때문에, 도로가 나면서 몽돌밭과 백사장이 사라져버렸다. 지금이라도 도로를 숲 뒤쪽으로 옮겨서 잃어버린 보물을 되찾기를 바라는 마음 간절하다.

숲은 수월리에 살던 사람들이 천 년 전에 만든 방풍림이다. 숲의 크기는 길이가 팔백 미터쯤이고 삼천 평 이상으로 방풍림으로는 국내에서 가장 오래되고 아름다움을 자랑한다. 중심부는 수백 년 고목이 버티고 가장자리는 작은 나무로 둘러싸여 산등성이를 연상케 한다. 멀리서 보면 그 형상 또한 특이하다.

앞산이나 뒷산에서 숲을 내려다보면 우리나라 지도를 빼닮았다. 토끼가 앞산에 내려와 바다를 구경하다 동녘이 밝아오자 서둘러 뒷산으로 달아나는 모습이라고나 할까.

이 숲은 아무리 태풍이 몰아치고 해일이 와도 스펀지처럼 완충 작용으로 마을과 농경지를 보호해 준다. 어린이들의 놀이터이고 어른들에게는 쉼터이며, 마을의 대소사를 의논하는 소통의 장소로 주민들의 소박한 삶의 터전이다.

고향의 보물인 숲을 잘 가꾸고 보존하여 후손에게 길이 물려주어야 하리라.

꽃동산

오랜만에 아침 산행을 나섰다. 상큼한 풀 냄새를 맡으며 산을 오르다가 내가 심어 놓은 꽃무릇에 눈길이 멈췄다. 이파리에 함초롬히 머금은 이슬방울 위에 아내의 이마에 맺혔던 이슬땀이 겹쳐졌다.

오래전에 정원에 심은 꽃무릇이 번식하여 화단의 벽돌을 쓰러뜨려서 적당히 남겨두고 솎아냈다. 버리기 아까워 등산길에 심어 화려한 꽃길이 됐지만, 갑자기 이곳으로 이사 와서 포기가름하여 옮겨 심었다. 옮기고 심는 과정이 어렵지는 않았으나 더디고 등산길이 멀어서 2년 넘게 걸렸다.

아내가 알면 말릴 것 같아 말하지 않았지만, 등산길에 꽃을 심는 사람이 있다는 소문을 듣고 마치 본 듯이 물어서 심게 된 경위를 이야기했다.

"오래전에 문학기행을 갔을 때, 일행 중에 60세 후반의 늙수그레한 여류 문인이 길섶에 활짝 핀 철쭉꽃 앞에서 '너는 봄이 되어 이렇게 곱게 다시 피었건만….' 하며 멍하니 서 있는 모습을 보았다. 남의 일 같잖아 어떻게 하면 가는 세월에 초연할 수 있을까 고민하다, 고향의 꽃동산을 꿈꾸며 꽃을 심었다." 했다.

그날 이후 짬이 나는 대로 거들었다. 잠시 쉬면서 아내를 보니 이마에 땀방울이 맺혀 있었다. 소일거리로 시작한 꽃길 가꾸기를 못하게 할까 봐 내심 걱정하였으나, 오히려 도와주느라 흘린 땀이라 짠했다.

수돗가에서 아내에게 등목하려는데, 브라(bra) 자국이 선명하게 꽃무릇처럼 새빨갛게 달아 있었다. 꽃을 심을 때 더워서 겉옷을 나무에 걸었던 생각이 났다. 그래서 숲속이지만 얼굴이 탈 것 같아 도시락만 싸주고 따라나서지 못하게 했다.

길 가던 등산객이 말했다.

"무슨 약초를 캡니까."

"꽃을 심습니다."

"참 좋은 일 하십니다."

"이게 무슨 좋은 일입니까"

"아무나 쉽게 생각하지 못하는 일입니다."

아름다운 삶이란 자연과 더불어 사는 것이 아닐까 싶다. 꽃길을 걸으면 꽃들이 양쪽 길섶에서 열렬히 환호하고 바람 소리, 새소리, 풀벌레 소리가 하모니를 이룬다.

길손들은 나더러 산 주인인지 물었다. 오십 리가량 꽃을 심었지만, 산주라고 꽃을 못 심게 하는 사람은 없었다. 남의 산에 얼씬대지 못하던 시절이 있었건만 세상이 참으로 많이도 변했다.

한편으로 생각하면 산을 이용하는 등산객이 모두 주인인 셈인데. 땀을 흘려 꽃을 심고 기쁨을 만끽할 내가 진짜 주인이란 생각이 들곤 했다.

등산객들은 남몰래 파 갈 것을 걱정하였으나 나는 크게 신경 쓰지 않았다. 꽃을 옮겨 심은 일이나 뽑아 가는 일은 똑같이 꽃을 사랑하는 일이다. 이 꽃은 번식력이 왕성하여 파 가는 것보다 자연적으로 불어날 터이니 말이다.

그러나 골목길을 산책하면서 아파트나 주택의 화단에 심어 놓은 꽃무릇을 볼 때마다 오랜 친구를 본 듯 살가운 정을 느낀다.

앞으로 포기가름을 꾸준히 하여 더 많은 등산객이 찾을 수 있는 둘레길을 꾸미고 싶다.

사람의 눈물이나 피는 부정적이거나 극한적인 경우가 많지만 땀은 보람을 느낄 수 있어 좋다. 내가 흘린 땀으로 등산객에게 오랫동안 기쁨을 줄 수 있다면 더할 나위 없는 기쁨이고 보람이다.

도심 속의 오아시스

노란 개나리가 앙증맞게 피어 나그네의 발을 붙드는 이른 봄이었다. 겨우내 비워 두었던 텃밭에 채소를 심기 위해 사전 정지작업을 했다. 아내는 잡초를 뽑고 나는 땅을 파서 뒤집기를 하자, 이마에는 땀방울이 맺혔다. 바위에 앉아 땀을 식히며 마늘밭을 보니, 어린 날 텃밭의 추억이 아지랑이처럼 피어 났었다.

내가 어릴 적에는 보릿고개가 태산보다 높던 시절이었다. 3, 4월 춘궁기에 텃밭에 가면 생마늘로 허기진 배를 채우곤 했다. 어머니께서는 작은 것은 반찬을 하고 큰 것은 종자로 남겨두었는데 나는 큰 것만 골라서 뽑다가 꾸지람을 듣곤 했다.

곁에서 듣고 있던 아내가 이야기를 이었다. 텃밭이

없었기에 채소를 기르는 친구들의 모습이 너무 부러웠다고 했다. 이다음 꼭 내 텃밭을 가져야지 했는데, 비로소 이제야 동경했던 꿈을 이뤘다며 눈시울을 붉혔다.

이 텃밭은 아내한테는 운동 삼아 하는 소일거리인데 나에게는 주말농장과 같은 개념이다. 주말농장은 도시 근교의 일손 부족으로 휴경지가 된 것을 도시민에게 임대하여, 소규모의 농사를 통하여 전원생활을 즐길 수 있도록 한 곳이다.

웰빙시대의 바람이 불었는지 최근에는 이 주말농장이 인기리에 분양 중이라고 한다. 주말농장에 참여함으로써 온 가족이 함께 씨를 뿌리고 수확하는 기쁨을 누린다. 식물을 가꾸면서 흘리는 땀은 부족한 운동을 보충하여 생활의 활력을 찾는다. 그래서 나는 이 주말농장을 도심 속의 오아시스라 부르고 싶다.

흙은 새 생명을 탄생시키며 우리에게 많은 것을 주고 가르친다. 한 알의 밀알이 자력으로 움이 트고 꽃을 피우며 열매를 맺는 것이 볼수록 경이롭다. 흙은 하나를 심으면 10배, 100배 이상의 열매를 우리에게 준다. 그리고 인간은 거짓을 꾸미거나 속이지만, 노력한 만큼 보답해 주는 흙은 거짓이 없다.

사람 사는 일이 다 그러하듯이 농사는 시기가 참 중요하다는 것을 알 수 있다. 제때 씨 뿌리고 수확해야 기대한 소출이 보장된다. 모내기, 솎아내기, 가지치기 등은 시기를 놓이지 않아야 풍년가를 부를 수 있고, 태풍이나 홍수로 쓰러진 작물은 곧바로 세워주어야 반타작이라도 할 수 있다.

텃밭에서 유기농으로 농사를 지어, 자식들에게 보내고 이웃 간에도 나눌 수 있으니 더욱 좋다. 가족끼리 즐겁게 이야기를 나누며 모종을 심고 하루가 다르게 자라는 모습을 보는 재미가 쏠쏠하다. 밤새 부쩍 자라서 함초롬히 이슬을 머금고 있는 채소는 볼수록 아름답고 신기하다.

텃밭 가꾸기는 즐거움만큼 어려움도 따른다. 비가 내린 뒤의 잡초는 돌아서면 돋아난다. 조금만 게으름을 피우면 채소밭인지 풀밭인지 분간하기 힘들 정도로 무성해진다. 밭의 작물이 주인의 발소리를 들으며 자란다는 말은 그만큼 잔 손길과 보살핌이 필요하다는 뜻이리라.

때로는 태풍이나 홍수로 농작물이 넘어지거나 가지가 부러져서 아픔을 주고, 병충해가 들어 안타깝게도 한다. 이러한 많은 시련을 겪고 뙤약볕에서 흘린 땀이 있어 수확의 기쁨이 더 크지 않을까.

빨갛게 익은 고추를 따고 김장하여 심전(心田)에서 가꾼 정을 더하여 자식이나 이웃에게 보낸다.

농사 중에 자식 농사가 가장 힘들다고들 하지만, 자식 농사만큼 즐겁고 보람찬 일이 또 있을까 싶다.

동양의 나폴리 통영

통영은 3가지의 특색을 담고 있다.

그 첫째가 통영은 승전의 역사가 있는 곳이다.

세계적으로 유명한 한산대첩을 이룩한 곳으로 충렬사와 제승당이 있고, 삼도 수군 통제영이 전국 군제 개편에 따라 폐영(1895년) 된 후 세병관을 제외한 모든 시설이 사라졌으나. 1913년 549억 원의 공사비로 12,400평의 부지에다 매화당 외 30여 동의 중요 건물을 복원시켜 12공방이 재현됨으로써 명실상부한 역사의 도시로 자리매김했다.

6·25전쟁에서 해병대 통영 상륙작전의 승리는 당시 낙동강 전투에서 방어에 급급하던 국군과 유엔군의 사기를 크게 진작시켜 전세를 뒤엎는 계기를 만들었다.

기념관에는 탱크와 상륙정 등이 전시되어 있고 당시의 귀신 잡는 해병대의 전투 상황이 영상물로 계속 진행되고 있다.

통영은 대한민국을 보전한 뜨거운 나라 사랑의 땅으로 그날의 영광을 잊지 않으려는 듯 곳곳에 사연 따라 이름을 붙인 마을, 그 마을의 고샅길에 나라를 구한 승전의 북소리가 아직도 울리는 듯하다.

다음으로 통영의 문학을 비롯한 화려한 예술의 꽃이다.

작은 해변 도시에서 세계적인 명성을 떨친 문인·작곡가·미술가를 비롯한 한국의 대표적인 작가들이 같은 시대에 약 20명이 탄생한 것은 상상도 하기 힘든 일이다.

통영에는 윤이상 국제음악당이 있어 봄과 가을에는 세계적인 음악가들이 통영국제음악제에 참가한다.

문학관 및 기념관, 미술관으로는 윤이상기념관, 대여문학관, 박경리기념관 및 묘소. 전혁림미술관, 청마문학관, 나전칠기와 옻칠미술관이 있다.

문화거리가 조성되어 있다. 윤이상거리는 생가와 근무지 등 연고가 깊었던 통영시 서호동 해방교에서 해저터널 입구까지이다. 그 중간쯤에는 윤이상기념관이 있다. 청마거리는 통영시 중앙동 제일칼라부터 문화동 신라누비까지이다. 그곳의 통영우체국 앞에는 청마 시비가 있다.

김상옥거리는 통영시 한남동에 있는 일명 '오행당골목', 그곳에는 초정 흉상도 있다. 김춘수 동산은 통영시 항남동 오거리에 아담하게 조성되어 있고, 김춘수 동상도 있다.

해오름과 구름 띠 따라 변하는 하늘과 바다는 심산 속에 예술이 싹트게 하고 문학이 여물게 하니 많은 예술인이 배출될 수밖에 없는 곳이다.

마지막으로 동양의 나폴리란 빼어난 절경인 8경이 있다.

제1경 미륵산에서 바라본 한려수도, 제2경 통영운하 야경, 제3경 소매물도에서 바라본 등대섬, 제4경 달아공원에서 바라본 석양, 제5경 제승당 앞바다, 제6경 남망산 조각공원, 제7경 사량도 옥녀봉, 제8경 연화도 용머리.

이렇게 아름다운 경관이 있고, 승전의 역사가 있고, 차별화된 예술이 있는 고장에서 산다는 것이 통영인의 긍지이고 자랑이다.

통영 사투리

중학교 2학년 때 일이다. 국어 선생님이 우리에게 낱말 이어가기를 시켰다. 반 전체 학생이 함께하는 놀이라 흥미진진했고 한참 동안 거침없이 잘 이어갔다. 낱말을 이어갈수록 경쟁적으로 손을 들어 열기가 달아올랐다.

그런데 어느 학생이 '핵' 자로 끝나는 낱말을 말하자 교실은 일순간에 물을 끼얹은 듯 조용해졌다. 그 당시는 핵실험, 핵무기 따위의 '핵'자가 들어간 단어를 듣기 어려웠다. '핵' 자를 이어갈 사람이 없는지 두어 번 재촉하다 문제를 취소하려는 순간에, 내가 손을 뻔쩍 들자 모든 시선이 나에게 집중되었다. 선생님이 대답하라는 말이 끝나기 무섭게 내가 "핵껍다!" 했더니, 선생님을 포함한 모든 친구가 일제히 뭇웃음을 웃었다. 그제야 내가 사투리를 사용한 것을 알고 부끄러워 쥐구멍을 찾았다.

이렇듯 사투리를 사용한 사람은 창피해서 얼굴을 붉히고 듣는 사람은 재미있어 웃음보를 터뜨린다. 듣는 사람이 많을수록 말한 사람은 홍당무가 되고 만다.

오래전에 TV에서 중학생 퀴즈 대회를 방송했다. 사회자가 밭의 농작물 가운데 줄기는 땅에 뻗고 땅속의 뿌리를 키워 먹는 것이 무엇인지 물었다. 손을 드는 학생이 없어 달고 전분이 많다는 힌트를 주었다. 옛날부터 고구마로 유명한 통영 욕지도 출신 학생이 손을 힘차게 들고 "고매!"라 말했다. 방청석이 떠들썩하게 웃었다. 사회자가 이름이 '석' 자라고 하자 그 학생이 또다시 "물고매!"라고 했다. 웃음의 파고가 절정에 이를 때 다른 학생이 눈치를 채고 "고구마"라고 답했다.

사투리 때문에 절호의 기회를 놓친 안타까움과 부끄러움으로 고개를 떨어뜨리는 모습을 보며 지난날 내가 당했던 일이 떠올랐다.

또 몇 년 전 KBS 전국노래자랑을 통영에서 했다. 사회자가 노래 부를 출연자에게 갑자기 질문을 했다. 거리를 가다 보면 공사 구간에는 "보행에 불편을 드려서 대단히 죄송합니다."라는 팻말을 흔히 볼 수 있는데 통영 사투리로 한번 해보라고 했다. 출연자가 서슴없이 대답하기를 "데이는데 모도잖게 해서 몽창

시리 아심찮습니다.” 하자. 방청석은 웃음의 물결이 넘실거렸다.

사투리란 어느 특정 지역이나 계층에서만 쓰이는 말로 방언이라고도 한다. 모르는 사람일지라도 말소리만 들으면 출신 지역을 쉽게 짐작할 수 있다. 방언을 자주 말하는 버릇도 오랫동안 노력해야 표준어로 바뀐다. 그런데 긴장하거나 흥분 상태에서는 사투리가 저절로 나와서 웃음거리가 된다. 사투리를 말하다 수치심을 느껴본 경험이 한두 번은 있겠지만 많은 사람 앞에서 당한 창피는 쉽게 잊히지 않는다.

그러나 전국 노래자랑에서처럼 그 지방 사투리를 자랑삼아 소개한 사람은 아름다운 추억으로 남을 것이며 좋은 이야깃거리가 될 것 아니던가.

나는 중학교 2학년 때 말한 ‘핵겁다’라는 사투리의 일화(逸話)를 다른 추억으로 가꾸려고 통영 사투리를 조사하게 이르렀다.

사투리를 수집하며 느낀 점은 거친 파도와 함께 이어온 통영 사투리는 뚝배기처럼 투박하기 이를 데 없지만, 그 말을 음미해 보면 인정미가 넘친다. 그리고 일제 강점기 때 일본은 통영을 수산 전진기지로 삼았기에 일본인이 많이 진출하여 수산업을 주도했다. 자연히 어업에 관련된 용어는 물론이고 생활 용어도 일본어를 많이 사용하였는데, 그 여파로 지금도 통영에는 왜색이 짙은 변형된 일어가 현재까지 널리 통용되는 특징이 있다. 또한 방언은 그 지역 정서의 표출이므로 촌스러워하거나 비속어로 폄하할 필요가 없다고 본다.

방언 찾기에는 많은 사람의 도움이 필요했는데 익살스러운 사투리가 나올 때마다 그 자리에 있던 모든 사람이 뭇웃음을 웃었다. 방언은 지역 정서에 어울리고 친근감을 느끼게 하지만 낮춤말과 상스러운 말이 많다.

방언 역시 시대에 따라 많이 변하고 있다. 예를 들면 갑자기 앞으로 엎어지는 경우 '햇딱빵 넘어졌다.' 했으나, 요즈음 젊은 세대는 '햇딱 팍팍'으로 사용하고 있다.

사투리는 연만한 분들이 많이 사용하기 때문에 의사소통에 적잖이 도움이 되었다. 오랫동안 내가 모시는 어르신들과 말벗하며 자료를 하나씩 수집했더니 보석처럼 여겨진다.

족보(族譜)

며칠 전에 일족 한 분이 족보를 만들자며 종중 정사로 모이자는 메일이 왔다. 제5회 족보를 발행한 지가 25년이 지났으니 빨리 만들자는 것이구나 하고 참석했다.

그런데 참석하고 보니 대청마루에 겨우 예닐곱 명이 모여 있었다. 소집한 사람이 우리 족보가 중시조부터 기록되어 있어 정통성이 부족하니, 김해김씨 족보의 어느 계파에 돈을 주고 집어넣자는 요지를 장황하게 설명했다. 지금은 족보를 거들떠보지도 않는 시대인데, 굳이 돈까지 주면서 남의 족보에 집어넣어 가짜를 만들 필요가 없다며 반대 의견을 밝혔다. 그러나 첫 발언자는 가짜가 진짜 이상으로 판치는 세상이니 바꾸어도 무방하다고 주장했다. 가짜와 진짜로 옥신각신하다가 다음에 대종중 종친회에서 다시 논의하기로 했다.

종중에서 거론된 일을 생각하니 터무니가 없다. 옛날부터 종친회 일을 유사(有司)가 맡아 운영해 왔었다. 그런데 개인이 종중의 대표인 양 제멋대로 사람을 모이게 하는 것이며, 족보 일을 맡은 사람처럼 행동하는 것을 이해할 수가 없다.

몇 년 전부터 가짜 족보를 만들자는 의견을 일족회(통영시에 거주하는 일족 모임)에서 거론해도 호응하지 않아서 무산되었지만, 오늘은 치밀하고 집요했다. 참석한 면면을 보니 낯선 일족이 4명이고, 나처럼 6회 족보 발행 건인 줄 알고 온 일족도 있었다. 고향 사람들은 의도적으로 불참한 듯했다. 얼렁뚱땅 통과시키려다 반대자의 논박에 좌절된 셈이다.

그러나 이번이 전초전이라면 다음 대종중 종친회가 본 게임이 될 것이 아닌가. 이미 물밑 작전은 시작되었다. 대응 전략은 회유책에 넘어가는 척하고 거수기 노릇만 안 하면 될 것인데, 한목소리를 낼 수 있는 과반수의 회원을 확보해야 한다.

사필귀정이라 했던가. 일찍이 종중의 선각자들이 중시조 이전의 역사를 알 수 없어, 중시조의 묘지명으로 서암공파(犀巖公派)로 창파(創派)하고 제1회 족보를 1925년에 발간하여 선포했다. 그 족보 서문에 재미있는 글귀가 있다. "증거 있는 것을 쓰지 아니하면 조상을 버리는 것이오, 증거 없는 것을 쓰면 조상을 꾸미는 것이다."라고 되어 있다. 98년 전에 이런 기록을 남긴 것은 오늘 같은 일이 벌어질 것을 예상했던 것일까. 또 이런 글도 있다.

"어떤 자손이라도 학문과 덕행을 닦지 않으면 천하게 되고, 선조의 가르침을 이어받지 못하면 천하게 되는 것이다."라고 적혀 있다.

이번 일을 계기로 삼아 6회 족보를 빨리 만들도록 박차를 가해야 할 것이다. 그 족보 서문에다 앞으로 가짜 족보를 주장하는 자가 나오면, 그 사람의 이름을 족보에서 아예 삭제한다는 문구를 명시해야 하리라.

우리 문중은 예로부터 서부 경남에서 뼈대 있는 문중으로 자타가 공인하는 바이다. 고향 마을은 면 소재지에서 십오 리나 되는 외딴 갯마을이지만, 천석꾼이 살았던 곳이고 유학자의 집안으로 명성을 떨쳤기에, 서부 경남의 유림이 말을 타고 왕래했던 고장이다.

일찍이 150여 전에 서당을 세워 후학을 양성하였으며 통영 향교를 지을 때, 우리 문중은 일천 냥이나 헌납했고 서암파 10세 김진표는 향교 건립 주역으로 도감독을 맡았으며 초대부터 2대까시 전교를 지냈다.

이렇게 빛나는 명문가를 하루아침에 뭉개버리고 가짜를 만들자고 억지떼를 부리다니…. 아무리 가짜가 판치는 세상이라지만 족보를 가짜로 둔갑시키는 일만은 발 벗고 나서 막아야겠다.

주인 의식

수처작주 입처개진(隨處作主 立處皆眞)
머무르는 곳마다 주인이 되라
지금 있는 곳이 바로 참이다.

회사 창립기념행사에 처음으로 참석하였다. 연단 뒤쪽의 현수막에 쓰인 글이다.

앞의 내용은 의식의 전환을 요구하고 뒤에 것은 적극성을 부각하는 글인 것 같다. 경비원인 나에게 파수꾼의 역할을 강조하는 뜻으로 받아들였다. 회사에 입사한 지 3년이나 지났지만, 지금껏 주인 의식 없이 회사가 시키는 대로 따라 했다. 해야 할 일을 지시받고 하니 성에 차지 않아서, 이날부터 일을 찾아서 하기로 결심했다.

본사와 공장 두 곳에 각각 5일씩 근무하고 5일은 쉬는 순번제다. 주어진 일을 완수해야 하나 몰라서 안 하거나 깜박하여 못하는 경우가 간혹 있고, 뒷사람에게 어물쩍 넘겨 잡음이 일기도 했다. 순번제의 허점인 듯하다. 어떤 일이나 좋은 점은 부각시키고 나쁜 점은 줄이면 진일보하지 않을까.

계절에 따라 풀베기, 나뭇가지 치기, 칡넝쿨 제거 등이 있는데 책임이 구분되지 않은 일이기에, 주로 윗사람이 시키는 대로 따른다. 공동으로 작업을 하다 보면 서로 마음이나 호흡이 맞지 않아 손발이 따로 놀거나 잘하느니 못하느니 탓하기 일쑤였다. 조금 더 하면 될 일을 쉽거나 적게 하려는 데서 말썽이 생기는 것이 아닐까 싶다. 더욱이 일의 주도권을 서로 잡으려고 말다툼까지 했다. 보통 때보다 두어 시간 일찍 출근해서 일하지만, 더위에 지쳐서 능률은 신통치 못했다. 서로 돕고 즐겁게 일하면 수월하고 능률도 오를 것이다.

자발적으로 일하자 새로운 분위기로 바뀌었다. 시간 조절이 자유롭고 남의 눈치를 볼 필요가 없어 마음 편히 일할 수 있었다. 시간이 나는 대로 하거나 여름에는 저녁 식후에 운동 삼아 조금씩 하여도 웬만한 일은 5일 이내에 마무리가 되었다.

일을 찾아서 하고부터는 윗사람으로부터 지시를 받는 일이 자연히 줄어들었다. 같은 일을 하면서도 스스로 하는 것과 시켜서 하는 것은 큰 차이를 느낄 수 있었다. 스스로 일하자 진지하게 일에 임하게 되고, 경제성을 높이기 위해 생각해서 바꾸니 능률이 기대 이상으로 향상되었다. 또한, 피로를 적게 느끼는 것을 실감했다. 선도적으로 일해서 오는 현상인 것 같았다. 연병장의 조교와 훈련병이 같은 거리를 달려가도 조교는 훈련병보다 피로를 적게 느낀다고 한다.

혼자서 처음 일할 때는 동료들이 호응하지 않았으나 한두 달 지나면서 차츰 변화하기 시작했다. 한발 앞서거나 뒤지는 것은 결국에는 같은 것이다. 문제 해결의 열쇠는 꾸준한 실천이 아닐까 싶다. 시끄럽던 작업장의 분위기가 선의의 경쟁으로 바뀌기를 기대하는 바이다.

야간 경비는 직원들과 출퇴근 시간이 반대로 되어 있어 함께 근무하지 아니하고, 회사의 중요 행사는 참가하기가 어려워 소외감을 느꼈다. 그러나 창립식에 참석하고부터 부족한 주인 의식을 되살리기 위해 적극적인 자세로 임하게 되었다. 회사에 대한 인식이 차츰 바뀌어 회사의 구성원으로 자리매김한 기분이다.

머무르는 곳마다 주인이 되기 위해서는 진취적인 사고와 능동적으로 행동해야 하리라.

물물교환

물물교환이란 화폐 같은 수단을 통하지 않고 물건이나 서비스를 상호 간에 직접적으로 교환하는 가장 원시적 형태이다. 이윤을 배제한 순수한 이웃 간에 주고받는 물품은 상부상조의 협동심을 기른다. 그 물품 중에서 먹을거리가 비중을 많이 차지하고 효과적이라 할 수 있다. '음식 끝에 정 난다.' 했던가. 일반 물품은 주거나 받을 시에 기뻐도 곧 잊어버린다. 그러나 먹을거리는 그 음식을 먹을 때에 고마움을 새롭게 느낌으로써, 다시 인사하거나 답례를 전할 수도 있기 때문이다.

살다 보면 빌리러 와도 반가운 사람이 있는 반면에 주려오는 데도 미운 사람이 있다. 또한, 주면서 생색내는 사람이 있는가 하면 필요한 것을 얻으면서 고마움을 모르는 사람도 있다. 이러한 현상은 평소에 잘못된 처신에서 오는 결과일 것이다. 그래서 '말 한마디로 천 냥 빚을 갚는다.'라고 했을까.

매년 봄이면 산이나 들로 나가 쑥이나 고사리, 두릅 등의 산나물이나 엉겅퀴, 엄나무 따위의 약초를 채취했다. 그런데 나이가 들자 힘들고 무서운 진드기까지 있어 밭에다 옮겨 심었다. 농약을 치거나 거름을 주지 않아도 잘 자란다. 고사리는 산으로 다닐 때는 처음 올라올 시기만 채취했으나 밭에서는 4월부터 8월까지 채취할 수 있어 수확량이 엄청 많이 늘었다. 물때에 따라 바다에서 고둥을 줍거나 해초를 채취한다. 때로는 태풍이 지나간 뒤 많은 해초를 줍는 횡재를 만나기도 한다. 우뭇가사리, 청각 등의 해초는 햇볕에 말리면 하얗게 바래진다. 그것을 저장해 두면 언제든지 반찬거리로 활용하고 특별한 선심거리가 되기도 한다.

집사람은 친구 집에 제사를 기억해 두었다가 제수용으로 고사리를 주고, 여름철에 콩국을 즐기는 사람에게 우뭇가사리를 선물한다. 그리고 가을에는 김장용 청각을 주기도 한다. 이렇게 주면 농사꾼은 농산물을 주고 어업인은 해산물을 준다. 우리에게 필요한 것만큼 제하고 농민에게는 해산물을 어민에게는 농산물을 드린다. 이렇게 물물교환을 함으로써, 친구 간에 우의를 돈독히 하고 모두의 식탁을 풍성하게 하는 마술을 부린다.

우리 밭의 고사리는 요술을 부려 멸치나 굴로 변신하고, 때로는 해삼이나 멍게가 되기도 한다. 가끔은 장어나 도미로도 바뀌고 쌀이나 고구마로 변한다. 그래서 '요술고사리'라고 부른다.

배고픈 춘궁기를 어렵게 넘었던 보릿고개가 불과 60년 전의 일인데, 지금은 맛을 따지는 배부른 시대를 구가하고 있다. 그 시절은 영양부족(營養不足)으로 각종 전염병이 창궐하였으나 현재는 영양의 과잉섭취로 현대병이 만연하고 있다. 비록 물질은 부족해도 오순도순 서로 돕고 먹을거리를 이웃과 함께 나누어 먹던 옛날의 온정이 마냥 그립다.

급속한 경제 성장을 추구하다 보니 물질에 눈이 어두워진 것일까. 이제는 우리도 선진국 반열에 올랐으니 삶의 질을 생각해야 할 것 같다. 세상은 마음먹기에 따라 변한다고 하지 않는가.

가는 정이 있어야 오는 정이 있듯이, 남에게 주기를 좋아하는 사람은 얻을 것이 많고 베풀기를 싫어하는 사람은 잃은 것이 많단다. 내 주머니를 열어 놓으면 받은 사람이 그냥 있지 않고, 자신의 주머니를 열어서 보답하게 된다.

자신이 먹을 것보다 맛있고 좋은 것을 골라서 줄 수 있는 따뜻한 정이 담기면 금상첨화라 할 수 있고, 내가 받은 것보다 좀 더 준다는 넉넉한 마음으로 이어지면 물물교환은 친분이 쌓이고 정이 두터워지는 지름길이 된다.

한류열풍

한국은 지금 K-열풍으로 세계의 주목를 받고 있다.

한류의 시초는 1990년 중반이었다. 한국에서 영화 「겨울연가」가 인기리에 방영되었다. 그 후 일본을 거쳐 중국으로 TV 드라마가 수출되었다. 가요 쪽으로 확대되어 대중문화의 열풍이 일기 시작하자 중국 언론이 한류(韓流)란 이름을 처음 사용했다.

이후 동남아 전역으로 퍼졌고 미국은 물론이고 유럽까지 불꽃처럼 번졌다. 2000년 이후에는 대중문화뿐만 아니라 김치, 라면, 가전제품 등 한국산 선호 현상이 나타났다. 더구나 이제는 의료와 한국어 열풍까지 불게 됐다.

2010년에는 한류의 중심축이 아이들 그룹을 위주로

한 대중음악으로 넘어가게 됐다. 그 영향력은 지역적으로 아시아를 넘어 아메리카, 아프리카, 유럽 등으로 퍼졌다. 콘텐츠도 대중문화를 넘어 순수 문화예술, 음식, 한글 등으로 번졌다.

신한류가 만들어 낸 콘텐츠는, 인터넷과 스마트폰의 보급, SNS 성장 등 급변하는 디지털미디어 환경을 기반으로 전 세계에 퍼져나갔다.

이러한 현상은 아이디어와 기술력뿐 아니라 한글과 문화. 소위 '우리의 것'이 세계에서도 통한다는 것을 보여주고 있다.

초등학교 졸업식에서 교장 선생님은 이렇게 말씀하셨다.

"우리 국민은 개별적으로는 세계 어느 나라 민족보다 부지런하고 우수한 두뇌를 지녔지만, 집단을 이루면 모래성처럼 쉽게 허물어진다. 그런데 일본은 개적으로 보면 흙과 같이 부드러운데도 공동체를 이루면 찰흙처럼 단결력을 보인다. 우리 국민도 시멘트 같은 응집력만 키우면 찰흙보다 더 단단한 콘크리트가 될 수 있다."고 했다. 그 말씀을 들은 지 몇십 년이 지났지만, 지금까지도 뇌리에 남아 있다.

힘을 합하면 어떤 일이나 이룰 수 있다는 것을 일찍이 새마을운동을 통해서 배웠다. 또한, 2002년 월드컵 응원 열풍이 전국을 휩쓸었다. 열광적으로 축구를 사랑하는 외국에서도 축구 경기장에서 응원하는데, 우리는 서울 시청 앞 광장은 물론이고 8차선 도로까지 응원장으로 삼았다. 차츰 전국 각지로 퍼져서 하루에 수백만 명이 운집하여 붉은 물결이 넘실거렸다. 결과는 아무도 예상하지 못한 4강을 제패하는 쾌거를 이룩했다.

선진국들은 몇백 년에 걸쳐 이룩한 경제 성장이나 민주화를 한국은 반세기 만에 거뜬히 이룩했으니 세계인이 주목하지 않을 수 없게 되었다. 동남아나 아프리카에서 한국을 본받으려고 새마을운동을 배우려고 온다.

전후 우리가 못 살 때 여러 나라에서 밀가루와 우유 같은 먹을거리를 원조했다. 그러나 한국은 후진국이 잘 살 수 있는 기술을 전수하고 있기에, 기술 원조국으로 더 높은 단계로 발전할 것으로 본다.

천연자원 없이 대륙의 끝에 붙은 작은 나라이지만, 찬란한 문화를 조상으로부터 물려받았다. 그리고 근면한 국민성을 가진 고학력의 인적자원이 풍부하다. 새마을운동을 통해서 하면 된다는 자신감으로 뭉쳤다.

그래서 미국의 오바마 대통령은 기회 있을 때마다 한국인을 본받자고 말했다. 일본의 수탈과 한국전쟁으로 구호물자에 연맹했던 나라였지만, 못 사는 나라를 진정으로 돕는 세계사에 신기원을 펼치고 있다.

경제적으로 선진국 수준이지만, 아직도 의식 수준은 후진성을 면치 못하고 있는 부끄러운 모습이다. 진정한 선진국이 되기 위해서는 의식 개혁운동을 펼쳐야 한다. 그리고 쉽게 끓었다 쉽게 잊어버리는 '냄비 근성' 또한 해소해야 할 과제다. 우리는 IMF 금융위기에 몰렸을 때 '금 모으기 운동'을 펼쳐서 국가 부도를 슬기롭게 극복한 국민이 아니던가.

한국은 이미 IT 강국으로 부상해있다. 컴퓨터, 핸드폰 등에 제일 적합한 한글을 세계인이 사용한다. 한류 열풍을 범정부적인 차원에서 체계적으로 지원하면, 유네스코에 등재한 한글이 국제 공통어가 될 날도 머지않으리라.

칡과의 전쟁

칡이 예전에는 심산유곡에서나 볼 수 있었으나 요즘은 전답 근처는 물론이고 도로변까지 뒤덮고 있다. 농경시대는 생활 도구를 만들 때 칡의 줄기를 이용했고 잎은 가축의 사료가 되었으며 뿌리는 한약재로 활용했지만, 지금은 플라스틱 제품을 사용하고 가축 사료는 공장에서 생산하며 뿌리를 파기가 힘들기 때문인지 외면한다. 자연히 수급의 균형이 무너지자 칡이 제 세상을 만난 듯이 산천을 점령하고 생활 주변으로 침입해 온다.

지난해 봄 전선 물류센터에 경비직으로 취업했는데, 방범 모니터 옆에 이렇게 적혀 있었다. "경비님 울타리에 넝쿨 좀 제거해 주세요. 비상벨이 작동합니다. 제발 좀!” 선임자에게 자세한 내용을 물어보니, 여름철이면 칡넝쿨 때문에 감지기가 작동하여 시도 때도 없이 비상벨이 울린다고 했다.

다음 날 현장을 둘러보니 칡이 새순을 내밀고 있어 그날부터 칡의 순을 자르기 시작했다. 현장 근로자들이 이다음에 자신들이 제거한다고 했으나 ‘호미로 막을 것을 가래로 막는다.’고 했던가. 그치지 않고 매일 계속했다. 그러나 근무지가 세 곳이어서 울타리에 방범 카메라가 설치된 첫 번째 공장은 순을 일찍 제거했는데, 두 번째 공장은 칡넝쿨이 뻗은 후에 작업을 하여 무척 힘들고 순환 근무제로 12일 만에 돌아오면 울타리를 휘감고 있었다. 풀잎이 지고 나면 아예 뿌리를 파낼 참이다.

칡넝쿨은 자르면 줄기에서 진이라는 끈끈한 물질이 많이 나왔다. 이 진이 옷에 묻으면 검은 얼룩이 졌다. 그런데 빨래해도 얼룩은 지워지지 않아서 새 근무복을 버리게 되었다. 칡넝쿨 제거작업을 할 때는 필히 헌 옷이나 진한 바탕의 옷과 모자, 수건을 사용해야 한다.

여름철이면 지자체에서도 칡넝쿨 제거 작업을 해보지만 왕성한 번식력을 당해 내지 못한다. 이처럼 생태계를 파괴하고 울타리나 교통 시설물까지 무용지물로 만들어버리는 칡넝쿨이 골칫거리다.

한편, 생각해 보면 우리가 살아가는 주변에서도 칡넝쿨을 닮은 인간들이 간혹 있다. 사람을 만나면 남의 험담을 곧잘 늘어놓는 별난 사람을 두고 하는 말이다. 추임새라도 넣은 사람이 있으면 신바람이 나서 주변 인물들의 험담을 침이 마르도록 늘어놓는다. 사실적 험담에다 눈덩이처럼 부풀리어 사실인 양 남들을 휘감아 놓아야 직성이 풀리는 성격의 소유자인지 모른다. 이런 사람은 마음속에 험담만 가득하니 칭찬이나 격려가 존재할 여유가 없어 남을 배려할 줄 모르고 예의범절은 뒷전이다.

그 대신에 자기 자랑에는 침을 튀기며 열변을 토한다. 있는 그대로의 자랑도 듣기 싫은데, 과대포장 하기 일쑤이니 몹시 역겨울 때가 많다. 이렇게 겸손이나 사랑의 가치와는 거리가 먼 사람이 자신이야말로 대단한 봉사자인 것처럼 우쭐댄다. 일을 벌여놓고 자신은 이 핑계 저 핑계로 뒤꽁무니를 빼면서 어렵고 큰일은 자신이 다 한 것처럼 떠벌린다. 이러한 사람에게 진정한 벗이 있을 리가 만무하다. 틈만 나면 한 치 혀로 휘감아 대는 불한당 곁에 있다가 언제 낭패당할지 모르니까.

그들에게는 긍정적인 사고가 존재하지 않고 불평불만으로 가득하다. 그래서 주위 사람들을 휘감아 스트레스를 풀고 대리만족을 느끼는 나쁜 습성이 생겼는지 알 수 없다. 더구나 자신이 생태계를 파괴하는 칡넝쿨을 닮았을 것이라고 상상조차 못 한다.

이런 사람이 사회생활을 하는 사람 중에는 흔히 있는 현실을 누구도 부정하지 못한다. 강도의 차이야 있겠지만 폭을 좁히면 내 이웃에서도 쉽게 만날 수 있고 나부터 이 말을 되뇌고 있다.

내일 아침은 일찍 뒷산으로 가서 무성한 칡넝쿨 앞에 서서 백팔종(百八鐘) 소리에 귀 기울이어 깊이 반성하고 깨닫는 기회로 삼아야 하리라.

5

아름다운 도전

갑질

요즘 언론 매체의 논점거리 가운데 갑질을 질타하는 소리가 높다. 이제 경찰이 나서서 갑질을 뿌리 뽑으려고 소매를 걷어붙였다.

갑질이란 갑을 관계에서의 되풀이되는 동작이나 행동을 뜻하는 접미사인 '질'을 붙여 만든 말로, 권력의 우위에 있는 갑이 약자인 을에게 하는 부당행위를 통칭하는 개념이다.

직장인을 상대로 한 설문조사에서 최악의 갑질은 '묻지도 따지지도 말고 시키는 대로 하도록 윽박지르다,'로 나타났다. 나 또한 우리 사회에 만연한 갑질로 상처받았던 아픔이 있다.

지난해 한 골프장에서 잔디를 깎는 일을 하게 되었

다. 입사 조건은 일용직으로 4대 보험을 보장해 주며, 새벽 4시부터 작업을 시작하여 여섯 개 홀의 잔디를 깎고 마무리하는 것이었다. 그런데 잔디를 깎은 뒤에 날을 갈고 높이를 조절해야 하는 마무리 작업 시간이 잔디를 깎는 시간보다 더 많이 걸렸다. 윗선에서 퇴근 시간을 정오 이후로 정해 놓았기 때문이었다. 달도 없는 그믐께 수백 킬로그램의 장비를 혼자서 트럭에 싣고 내리는 일이 힘들고 위험해서 보안등을 켜달라고 했다. 그러나 전기료 타령만 했다. 면접 때 4대 보험 역시 차일피일 미루기만 했다.

그뿐만이 아니다. 아침마다 회장 측근이 현장에 나타나 일일이 간섭했다. 서둘러 골프장을 조성하다 보니 잔디 상태가 좋지 않았다. 잔디를 잘못 깎아서 그렇다고 우리에게 책임을 전가했다. 보다 못한 동료가 그 부당한 처사를 지적했다가 결국 한 달 만에 쫓겨나고 말았다.

한 가지씩 양보하다 보니 입사할 때 약속한 근로조건은 거의 지켜지지 않았다. 일방적으로 당하는 비정규직의 열악한 조건 때문에 중도 하차하는 사람이 늘어났다. 면접 때 4인이 함께 일해야 하므로 마음에 맞은 지인을 주선해 달라는 부탁을 받았다. 사람을 소개하다 보니 반장의 직위를 주어 계속 인력을 충원하였다. 그런데 두 달 만에 십여 명이나 중도 탈락하고 말았다. 나 또한 체력의 한계를 느껴 그만두려다가 반장이라는 책임감 때문에 버티었다. 발톱이 빠지는 등 건강에 적신호가 켜졌다.

일을 시키는 사람은 많은데 임금을 제대로 챙겨주는 사람은 없었다. 두 달을 넘겨 추석이 지나도 주지 않았다. 참다못해 우리도 최후 수단으로 며칠까지 월급을 주지 않으면 작업을 중단한다고 통보하자 마지못해 지불했다.

월급을 매달 이런 식으로 받자니 현실이 원망스러웠다. 11월에는 최후통첩에도 아랑곳하지 않았는데, 알고 보니 잔디가 자라지 않는 시기였다. 처음에 잔디 일이 끝나면 다른 작업을 연속적으로 할 수 있게 해주는 조건이었는데….

이런 갑질을 개선하려면 윗사람이 먼저 솔선수범해야 할 것 같다. 갑은 잘못된 우월의식에서 깨어나 자기의 입장을 고집하지 말아야 한다. 을이 없는 갑이 존재할 수 있겠는가. 노사의 관계는 함께 같은 방향으로 구르는 자동차의 바퀴와 같은 존재라고 볼 수 있다. 어느 한쪽 바퀴만으로 굴러갈 수 없는 것이다. 출발과 진행, 멈춤이 동시에 이루어져야 완전한 운행이 가능하게 되니 말이다. 그리고 상용직과 일용직을 구별하는 것은 사용자가 임금을 적게 주려고 만든 제도라고밖에 볼 수 없다. 같은 시간대에 같은 장소에서 같은 일을 하는 데도 차별을 두는 것은 불공평하다. 지도자는 부당한 조건을 개선하여 공평한 작업환경을 조성할 책임이 있다. 아무리 좋은 법을 만들고 그

법이 엄하다 해도 이를 지키려는 의지가 부족하면 공염불일 뿐이다.

우리의 국력이 선진국 반열로 발돋움했다. 그러나 세계사에 유례없는 고도성장에 따른 성장통(?)으로 물질주의가 팽배하여 이기심이 조장되었다. 이제는 경제민주화로 빈부격차를 줄여 사회적 갈등을 해소하고, 진정한 선진 국민이 되기 위해서 하루 빨리 의식개혁이 이루어지길 바라는 마음 간절하다.

새터민

새터민이란 '새로운 터전에서 삶을 시작하는 사람'이라는 순우리말로, 탈북자에 대한 부정적인 이미지를 불식하고, 긍정적 미래지향적으로 바꾸기 위해 2005년에 선정한 말이다.

2022년 6월 기준으로 새터민의 수는 3만3천 명이고, 중국에 머무르는 탈북자는 사십만 명에 이른다는 추산이다.

그들이 목숨을 걸고 탈북하는 동기는 정치적이거나 경제적인 문제로 볼 수 있다. 2000년 이전에는 정치적 이유가 대세였지만, 이후는 경제적으로 어려워서라고 한다. 초기의 귀순자는 대다수가 남성이었던데 반해 지난해를 전환점으로 하여, 여성이 다수를 점하고 있고

영·유아를 포함한 가족 단위가 많아졌다.

인간의 먹을거리는 원초적인 욕구에서 비롯됨으로 도덕이나 종교, 이념이나 사상을 초월하는 것 같다. 마르크스가 주창한 사회주의는 20세기 말에 소련이 붕괴하자, 동구권 역시 도미노 현상으로 종말을 고하고 말았다. 그러나 북한은 고루한 사상에 젖어 우물 안 개구리가 됐다. 요즘 들어 삼대 세습으로 핵이야 미사일이야 하면서 공포 정치를 일삼는 것을 보면 불안하고 안타깝다.

외세에 의해 8·15광복을 맞게 되어 좌우 갈등의 혼란을 겪다가 결국 동족상잔의 비극을 초래하였고 지금까지 휴전 상태로 있다. 지난 역사에서 교훈을 얻지 못하면 비극의 역사는 되풀이될 뿐이다. 이제 우리도 통일로 향한 거센 물결을 헤쳐나갈 방법을 모색해야 하지 않을까.

내 개인적인 생각으로는 작고 쉬운 것부터 실천하기 위해 통일대 사전을 만들어 동질성 회복에 도움을 주면 좋겠다. 나아가 아프리카 동남아 국가들처럼 새마을운동도 가르쳐서 잘살 수 있도록 하는 방법도 있는데 그들이 따르려 하지 않는 게 문제다.

1990년대 후반 일본, 중국에서 한류가 불면서 북녘에도 훈풍이 불기 시작하였다. 남한으로 망명하면 행복하게 살 수 있다고 생각하는 주민들이 급격히 늘어나면서 남한을 선망의 대상으로 삼았었다. 그러나 대다수 새터민은 체제와 생활환경이 바꿔어 적응하기 어려운데다, 적대시하는 풍조로 이중고에 시달린다고 한다.

해방 후 이념 갈등으로 심한 홍역을 치렀고, 같은 핏줄끼리 동족상잔의 비극을 겪었다. 그들을 공산 체제에서 왔다고 하지만, 그 사상은 소수의 지도자가 인민을 통치 수단으로 삼은 것이다. 새터민 역시 우리와 같은 민족이 아닌가.

피부색이 다르고 말이 통하지 않는 외국 근로자도 엄연한 산업의 역군으로 살아가는데, 같은 피를 나눈 동포들이 외면당하는 현실은 잘못된 선입관에서 비롯된 것 같다.

고향을 등지고 부모 형제와의 생이별을 감수하며 사선을 넘은 동포들. 공산 치하에서 태어났다고 죄인 취급해서도 안 될 것이고, 목숨을 부지하기 위해 망석중이 노릇한 것을 허물로 삼을 일도 아니지 않는가.

새터민이 찾아오는 예비 통일이라면, 이들을 진정한 동포애로 감쌀 때 통일의 꿈은 이루어지지 않을까. 이제 대한민국은 세계 경제 대국 10위, 공업 대국 5위, 수출 대국 6위, 유엔지원국 9위의 강대국이 되었다.

독일 국민은 베를린 장벽을 무너뜨리고 통일의 길을 열었다. 우리도 동질성을 회복하여 이념의 벽을 허물 날이 언젠가 올 것이다. 습관처럼 「통일의 노래」를 흥얼거려본다. 언제 들어도 가슴 벅차오른다.

신문고(申聞鼓)

해마다 현충일에는 서울 국립현충원에 참배한다.

6·25 참전용사 묘역에는 연로한 부모들이 자식의 이름을 부르짖으며 통곡했다. 월남 참전용사 묘역에는 가족 단위로 참배하며 부모나 미망인들이 묘비를 부여잡고 오열했다. 이렇게 하여 관악산 기슭은 통곡성으로 바다를 이루었다. 하지만 아버지의 묘비가 있는 서쪽 징용자 묘역에는 비석이 368기나 있지만 참배객이 없어 괴괴한 정적만 감돌았다.

참배객이 오지 않는 가장 큰 원인은. 현역병과는 달리 징용자는 입영통지서 없이 급히 면서기와 순경, 이장이 합동으로 '훌치기'하여 잡아갔기에 제대로 된 입영 기록이 없었다. 그래서 아버지의 전사 사실을 밝히는 데 어려움을 겪었다.

나처럼 현충원에 안장된 사실을 모르는 유족이 많을 것 같았다. 징용자 묘역에는 부부 이름이 새겨진 비석이 없는 것을 보니 미망인을 합장할 수 있는 사실조차 모르리라 여겼다.

전국의 징용자 유족에게 내가 겪은 경험담을 말할 수 있는 방법을 고민한 끝에, KBS 1TV 「시청자 칼럼 우리 사는 세상」 프로에 신청했다. 이 프로는 시청자가 직접 참여할 수 있으며, 감당하기 힘든 일을 공론화하여 사회를 변화시키는 역할을 하는 프로그램이기에 가능할 것 같았다.

신청자가 많이 밀려 2년이나 지나서야 채택되었다. 어느 날 촬영 팀이 내 근무지로 찾아왔다. 인솔자와 인사를 주고받았다.

"대단한 일을 하십니다."

"대단하다니 오히려 부끄럽습니다."

"오랫동안 이 프로를 방영해 왔지만, 자신이 속한 단체나 지역의 애로사항을 요구했으나, 자기 경험을 살려 남을 도우려는 사례는 처음입니다."

"저는 아버지의 전사 사실을 밝혔는데 무려 24년이란 세월이 걸렸습니다. 현충원에 문의하여 어머니를 합장할 수도 있었습니다. 참배 못하는 유족들에게 알려드리기 위해 이 프로에 신청했습니다."

드디어 예약된 6월 3일 서울 국립현충원 정문 앞에서 녹화했다.

"저는 경남 통영에 사는 김수돌입니다. 아버지께서 6·25 때 징용으로 입영하여 전사하셨습니다. 사망하고 24년 만인 1976년에 기적적으로 현충원에서 묘소를 찾았습니다. 그리고 어머니께서 영면하여 합장했습니다. 시청자 중에 6·25 때 징용으로 입영했으나 행방불명되었거나 묘지가 없는 유족께서는, 서울 국립현충원에 전화나 편지로 징용자의 이름과 당시 주소만 알려주면 됩니다. 찾게 되면 배우자도 무료로 합장해 줍니다. 보훈연금을 받기 위해서라도 서둘러 확인 바랍니다."

일주일 뒤에 녹화 방송을 보니 방송국에서 잘못 판단하여 엉뚱하게 처리한 부분이 있었다.

현충원에 문의하여 징용자 묘역의 현황을 설명하고 유족에게 연락처를 알려 달라고 해야 할 텐데, 엉뚱하게 국방부에 연락하여 묘비가 없는 모든 전사자의 유골을 찾고 있으니 채혈해 줄 것을 권고했다.

앞서 출연자의 말과 아나운서의 부탁은 별개의 사안이라 얼마나 어리둥절했을까 싶었다.

정부는 매년 6월이면, 순국선열이나 전몰군경을 존경하는 사회를 만들고, 그 유족에게도 충분한 보상을 하겠다고 하지만 잘 실행되지 않는다. 현 정권에서 외국 참여 용사들과 전사자나 유공자를 따듯하게 대하는 모습을 보면서 가슴이 울컥했다. 마치 내 아버지가 대접받는 것 같아서다.

나는 현충원에 참배 갈 때마다 아버지 묘역에서 합장한 묘가 얼마나 늘어났는지 확인하는 버릇이 생겼다. 아버지와 어머니의 이름이 새겨진 비석을 선두로 하여 차츰 숫자가 늘어났다. 「시청자 칼럼 우리 사는 세상」 프로를 통하여 신문고의 역할을 한 것 같아 가슴 뿌듯하다.

아름다운 도전

회사에 출근할 때마다, 정문에 걸려 있는 현수막에 적힌 '꿈은 이야기할 때 이루어진다.' 글을 읽는다. 그 내용이 퍽 인상적이어서 회사에 몸담는 동안 나는 우리말 달인의 꿈을 이루기로 했다.

평상시에 말주변이 없다 보니 불이익을 당하기 일쑤여서 우리말을 공부하면 도움이 될 것이라 여겼기 때문이다. 그리고 글을 쓸 때도 문맥에 알맞은 낱말을 고르기가 어려워 한글을 공부하려고 벼르던 참이었다. 경비직은 활용할 수 있는 시간이 많아 좋은 기회라고 여겼다. 아무것도 하지 않으면 무엇을 이룰 수 있을 것인가. 꿈을 꿀 수 있으면 이룰 수도 있을 터. 꿈이 없다면 희망조차도 없는 삶이 되고 말 것이다.

나이테가 좀 늘었다고 인생의 종말이라고 단정하지 말아야 한다. 살아 있는 날까지는 열정과 열성만 있다면 못 이룰 일이 무엇인가. 결코, 멍하니 세월 보내기로 허송해서는 안 된다.

6년 동안이나 공부하던 한자를 접고, 한글로 바꾸어 매주 월요일마다 KBS 1TV 「우리말 겨루기」를 필기까지 하며 시청하자 아내는 "꿈도 야무지다."고 했다.

"수필집을 내거나 돌탑을 쌓거나 꽃무릇을 심을 때도 돈 안 되는 일만 한다고 볼멘소리하더니, 이번 일은 잘되면 대박이 날 수 있다."고 하자.

"꿈 깨시오! 늘그막에 순발력이 뛰어난 젊은이들과 맞상대하여 주눅이 들면 어쩔 것인데요?" 했다.

딴은 일리가 있는 말이다. 그동안 지켜보니 노년층은 성적이 영 시원치 않았는데 순발력이 모자라는 듯했다. 물론 나이 탓도 있겠지만 분위기에 압도당해 실력을 제대로 발휘 못 하는 것 같았다.

그렇지만 나이 들었다고 모든 점이 약하기만 한 것은 아닐 것이다. 오랫동안 한문 공부를 한 결과 부족했던 기억력이 살아났고, 단전호흡을 30여 년간 했더니 수줍고 소극적인 성격이 대범해졌다. 그리고 일흔 언저리에 이르러 운동하면 숨이 차서 줄넘기로 해결했다. 이 모두가 오랫동안 쌓은 내공이라 여겨진다.

노력은 배신하지 않는다고 했던가. 처음 공부를 시작할 무렵에는 30문제 중에 아는 것이 서너 개에 불과했다. 그러나 일 년쯤에는 일여덟 개 이상을 맞출 수 있었고, 이 년을 넘기자 열

개 이상일 때가 많다. 어쩌다가 익히 아는 문제를 모든 출연자가 오답으로 이어갈 때는, 나도 모르게 벨을 누르는 시늉을 한다.

달인 도전은 내 일생에서 가장 큰 최후의 목표여서 오늘도 머리를 싸고 책상에 앉았다. 책임감으로 하는 일은 시간이 흐를수록 피로해지기 쉬우나 스스로 하는 일은 재미가 있으니 좋다. 그러나 현재의 수준을 모른 채 막연한 희망만으로는 장기간 하다 보면 싫증이 날 수도 있겠지만, 정답의 숫자가 서서히 늘어날 때는 나 자신의 기록을 깨는 성취감을 맛볼 수 있다.

하지만 전국적으로 한다하는 한글을 공부한 사람들이 다 모이는 대회인 만큼, 달인이 되기는 낙타가 바늘구멍에 들어가기보다 어려워 보인다. 지금까지의 통계에 의하면 우승자 26명에 한 명이므로 일 년에 1.8명이다.

그러나 지레 겁부터 먹을 필요는 없다. 우승도 달인도 다 사람의 일일 터. 설령 달인이 못된 다 한들 쌓은 실력이 어디로 갈 것인가. 글쓰기에 도움이 되고 말하는데 자신감이 생긴다면 소기의 목적은 이룬 셈이 아닌가. 남녀노소와 같이 즐길 수 있는 큰 놀이판에 출연할 수 있다면 그 자체로 보람된 일이다.

내가 할 수 있는 최선의 노력을 다하고 달인은 하늘의 뜻에 따르리라.

오늘도 퇴근하며 '꿈은 이야기할 때 이루어진다.'를 읽으며 힘찬 발걸음을 옮긴다.

연날리기

새해에 귀한 선물을 받았다. 서울에 거주하는 옛 직장 동료가 손수 제작한 방패연을 보내온 것이다. 예로부터 방패연을 집 안에 보관하면 액운이 사라지고 행복을 가져오는 상서로운 물건이라 했다. 그래서인지 연을 선물 받고 보니 올 한 해는 좋은 일이 많이 생길 것만 같은 예감이 들었다.

내친김에 연의 종류를 알아보았다. 우리나라 연은 형태와 문양에 따라 분류되는데 그 종류가 100여 종에 이른다고 한다. 전통적으로 대부분이 사각 장방형의 '방패연'이고, 어린이들이 날리는 꼬리가 달린 '가오리연'이 있으며, 제작자의 창의성에 의해 입체감 있게 만든 '창작연' 등 3종류로 되어 있었다.

옛적에 내가 날리던 연을 마주하고 보니 어릴 적 추억이 되살아났다. 당시 아이들의 놀이 중에 가장 인기 있는 것 중의 하나가 연날리기였다. 바람이 잦아지면 뒷걸음질 치며 연줄을 쉴 새 없이 머리 위로 추켜올리다 순풍이라도 불면 연이 하늘 높이 날아올라 우리는 신바람이 났다.

그리고 연날리기하면 연싸움을 빼놓을 수 없다. 연싸움이란 바람 좋은 날 연을 날리면서 서로의 연줄을 마주 걸어 상대편의 연줄을 끊어버리는 싸움을 이르는 말이다. 연싸움은 어떤 놀이보다 박진감 넘치는 놀이이다. 동편이나 서편, 아랫마을이나 윗마을로 편을 갈라 대표 선수가 연싸움을 벌리기 때문에 들판에서 모두가 함께 즐길 수 있는 놀이판이 된다. 쉽게 판가름이 나지 않은 팽팽한 연줄은 스릴만점이었다.

그런데 연싸움을 이기기 위해 연줄에 풀칠하여 사금파리를 먹인다. 사금파리의 작은 조각이 상대의 연줄을 조금씩 자르는 역할을 하게 된다. 그냥 맨 연줄로 연을 띄어 줄을 끊기는 무척 어려운 일이기 때문이다. 결국, 연을 마음대로 조정하고 연줄을 감고 풀기를 반복하면 어느 한쪽 줄이 끊어져서 승패를 가르고 희비가 엇갈린다. 떨어진 연을 줍기 위해 아이들은 달려 보지만 연은 바람을 타고 까마득히 높이 올라간다.

나는 높이 뜬 연을 보며 더 넓은 세상을 향하여 상상의 나래를 펴곤 했다. 자동차가 먼지를 일으키며 달리는 풍경을 생각하기도 하고 아름다운 한려수도의 바닷길을 누비는 여객선을 떠올렸으며, 작은 갯마을을 벗어나 미지의 세계를 향하는 꿈을 꾸곤 했다.

연을 보면 잊지 못할 추억 하나가 고개를 내민다.

어느 추운 날 조카와 연을 띄우다 방에서 몸을 녹이고 다시 나서는데, 조카가 두 개의 연이 똑같아 내 것을 자기 것이라고 집어 들었다. 그때 내가 급히 한 말이 "○○야! 그 연은 내 년이고 저 연이 니 년이다." 했더니 방문을 열어젖히며 어른들이 나를 보고 큰소리로 웃었다.

그 말은 유행어가 되어 연날리기할 때마다 사람들은 "수돌아! 그 연은 내 년이고 저 연이 니 년이다." 하며 웃음꽃을 피웠다. 어른들이 왜 웃는지 알지 못했다. 그 말꼬리는 길기도 하여 지금도 가끔 나타나 깜짝 놀라곤 한다.

연은 놀이뿐 아니라, 오래전에 군사용으로도 활용되었다고 한다. 이순신 장군은 왜군과의 해전에서 인근 섬의 아군과 통신하는 신호용으로 연을 사용했다는 기록이 『난중일기』에 전해지고 있다. 한산대첩의 역사적인 신화도 미륵봉에서 김천손이라는 사람이 견내량을 침범해오는 왜군을 발견하고 연을 날려, 이순신 장군에게 급보를 띄움으로써 승전의 계기를 마련했단다.

나는 얼마 전 창호지에 대오리를 붙여 연을 만들고 연줄을 매어 날려 보았다. 연이 일정한 높이에 이르기까지는 잇따라 연줄을 당겨야 연이 떠 있거나 위로 올라간다. 하지만 그대로 멈추고 있으면 연은 스르르 아래로 내려앉는다.

생각해 보면 인간관계도 연처럼 계속하여 관심을 기울이지 않으면 차츰 멀어지지 않는가. 나는 그동안 각종 모임에 바쁘다는 핑계로 소홀했다. 지금부터라도 우정을 이어줄 연을 부지런히 띄어야 할까 보다.

옛 동료가 손수 만들어 보내준 정성을 간직하고자 액자 속에 넣고 소장해 오던 얼레와 나란히 벽에 걸어 놓으니 멋진 장식품이 되어 거실에서 나를 반겨준다.

오늘 밤, 나는 옛 직장 동료와 추억의 연을 하늘 높이 날리는 꿈을 꾸고 싶다.

탑을 쌓으며

몇 해 전 가을 무렵이었다. 양지마을 뒷산으로 등산을 갔다가 내려오는 길에 미끄러져 엉덩방아를 찧고 말았다. 다행히 몸에는 별 이상이 없었다. 길을 살펴보니 자갈길이어서 그대로 방치하면 누군가가 다칠 것 같아 돌을 주워 길섶으로 옮겼다.

산행 사고는 대부분 위험한 길에서는 적고, 위험해 보이지 않는 길에서 많이 일어난다. 위험한 길은 조심하지만 덜 위험한 길은 방심하기에 일어난다. 그리고 하산길에서 주로 사고가 발생함으로 특히 유의할 일이다.

또 오르막길에서는 미끄러져도 손을 짚고 금세 일어설 수 있지만, 내리막길은 다리 힘이 풀려 작은 장애물에 걸려도 쉽게 중심을 잃게 되어 다치기 일쑤다.

이러한 사고를 방지하기 위해서는 고정관념을 바꾸어야 할 것 같다. 산길은 많은 장애물이 있어 평지보다 위험하다는 것을 주시해야 하고, 내려올 때는 다리가 후들거리지 않도록 체력에 알맞도록 산행 거리를 조절해야 하리라.

내가 다니던 초·중등학교 등굣길이 험한 산길이어서 고갯마루마다 돌탑이 수호신처럼 버티고 있었고 벼랑길 굽이에도 있었다. 그것은 우리의 어머니와 할머니들이 오가는 이들의 안전을 위해 쌓은 정성의 탑이다. 불현듯이 어릴 적에 본 돌탑들이 떠오르며 향수를 불러일으켜 내가 미끄러졌던 비탈길에 탑을 세우기로 마음먹었다.

시작한 지 몇 개월 만에 첫 탑이 완성되었고, 두 번째 탑을 쌓던 중에 큰비가 왔는데 다음 날 보니 첫 탑이 무너져 있었다. 낙엽이 쌓인 장소에 그냥 탑을 쌓아 비가 오자 무너졌다.

탑 쌓기는 내게 많은 것을 시사해 주었다. 어떤 일을 함에 있어 사전 검토가 부족하거나 쉽게 생각하고 서둘다 보면 일을 그르치게 된다는 것을.

돌탑은 다양한 형태의 돌들이 한데 어우러져 만들어진다. 인간 사회처럼 서로 자리다툼이 없으니 조화를 잘 이루고 있다. 작고 못생긴 돌을 한번 생각해 보자 그것 자체는 하등의 가치가 없어 보이지만, 큰 돌 밑에서 받치고 사이에 끼여 안전 각도를 유지하여 탑을 견고하게 한다.

우리가 살아가는 공동체 생활 또한 각자가 맡은 일에 긍지를 갖고 일인자가 되려는 노력을 기울일 때 밝고 건전한 풍토가 조성되지 않을까.

탑을 쌓으며 주변의 돌을 줍다 보니 자연석은 거의 없고 광산에서 나온 돌들이 부엽토 속에 많이 묻혀 있었다. 과거 일본 사람이 금을 파 가면서 방치해 놓은 폐광에서 나온 돌이었다. 이 쓸모없는 돌로 탑을 쌓아 볼거리가 된다면 좋지 않겠는가. 3번째의 탑을 완성하고 네 번째, 다섯 번째도 쌓았다.

그런데 여섯 번째 탑을 한창 쌓고 있는데, 중단하라는 산주의 메모장이 놓여 있었다. 5년 넘게 탑을 쌓았으나 별말이 없다가, 갑자기 경고성 글을 남겼기에 산주에게 전화했다. 이유인즉슨 자기 모친의 수목장이 근처에 있기 때문이라고 했다. 그래서 탑 쌓기는 어쩔 수 없이 중단했다.

비가 많이 오거나 세찬 바람이 불고 나면 돌탑을 찾아가는데 그들이 나를 반겨 준다. 가끔 오가는 이들이 "누가 이렇게 정성을 들여 탑을 쌓았을까?" 하면서 손전화로 사진을 찍기도 하고 두 손을 모으기도 한다.

어릴 적에 흔히 보아오던 토속신앙을 요즘은 보기가 쉽지 않다. 시대의 변천에 따라 험한 산길까지 도로가 나서 이제는 그리운 모습이 되었다.

탑들은 끈기와 집념의 집합체로 이루어지며 인간에게 심리적 평온과 안정감을 주는 것 같다. 사찰에서 탑돌이 하는 사람들의 엄숙한 모습에서도 볼 수 있다.

내가 5년여 동안 쌓은 돌탑이 오랫동안 길손의 안전을 지켜 주길 바라 마지않는다.

그 탑을 쌓던 정성으로 앞으로 수필의 탑도 쌓아야겠다.

우리말 달인

우리말 공부를 5년 넘게 하여 처음으로 지역 예심을 대전시에서 보게 되었다. 1차 필기시험을 80점 받았다. 2차 면접에서 제작자가 문제를 너무 쉽게 낸 것이 아니었는지 질문했다. “운이 따랐을 뿐이라”고 대답했다. 그때까지 내 꿈은 이루어지고 있는 것 같았다. 하지만 연속으로 낙방했고 지금껏 도전장을 내밀고 있다.

칠전팔기, 실패하더라도 포기하지 않고 성공할 때까지 계속해서 도전한다는 뜻이다. 이생망(이번 생은 폭삭 망했어)이란 유행어가 돌 정도로 힘든 시대를 살아가고 있는 청년들에게 응원해주고 싶다. 포기하지 않고 견디면 언젠가는 반드시 기회가 올 것이라고….

사람은 누구나 크고 작은 실패를 경험하며 사는 것

같다. 잠자기 전, 내일부터 일찍 일어나 운동할 것이라는 다짐은 하루를 가지 못한다. 담배 애호가들은 연초 계획으로 금연을 선언하여도 작심삼일로 끝난다. 그렇다고 포기해서는 안 된다. '넘어지면 다시 일어나지.'란 긍정적인 사고가 이 시대에 필요한 것이다. 장기적인 관점에서 볼 때, 몇 번의 낙방을 하고 보니 성공으로 가는 한 과정으로 생각되고 한결 여유로워진다.

KBS 본부 예심(지역 예심은 없어짐)에 있었던 일이다. 왜 모자를 쓰고 있느냐고 피디가 물었다. 대머리 때문에 평상시에는 모자를 쓰고 모임에 나갈 때는 가발을 쓴다고 했다. 다른 질문 사항이 있는지 물어보기에 달인 문제 출제 방식에 대하여 일가견을 피력했다. 2주 후에 합격자 명단에는 내 이름이 없었다. 시험 점수가 좋아서 안심했는데…. 낙방하고 말았다. 생각해 보니 그동안 「우리말 겨루기」를 시청하였으나 모자를 쓴 출연자를 본 기억이 없었다. 그래서 가발을 쓰고 출연하였으나 역시 고배를 들었다. 그날 옆 좌석에 앉은 여성이 시험 점수는 중요하지 않고 자기소개서를 잘 써야만 된다 했다. 시간적인 여유 때문에 간략하게 작성하였고 집에서 지원 동기나 특히 사항을 메모하여 갔으나 효과를 못 보았다.

떨어질 때마다 오기로 도전하였으나 연거푸 낙방했다. 곰곰이 생각해 보니 1차 예심에서 달인 문제 출제 방식의 난맥상을 이야기하자, 제작진은 고개를 끄떡였고 피디는 깊은 생각에 잠기는 듯하였다. 오래전에 아나운서가 어떤 출연자를 보고 "제작진을 골탕 먹였지요." 하였던 말이 생각났다. 내가 달인 문제를 예리하게 짚어 미운털이 박힌 것 같은 느낌이 들었다. 만일 그런 일이라면 보통 문제가 아닌 듯싶었다. 거듭 도전하는 사이 2차 코로나 감염이 시작됐다.

'넘어진 김에 쉬어 간다.'고 이 기회에 차분히 새로운 작전을 구상해 보아야겠다. 신원을 확인하지 않으니 예심에서는 호(號)나 필명으로 사용하고 본선에 진출할 때 아나운서와 상의해도 무방하리라 여겨진다. 매번 예심에 응시하는 이상한 사람들도 많이 있었다. 방송국에서는 그 사람들은 제외 대상인 것 같았다.

앞으로 일 년에 한 번쯤 우리말 능력 검정 차원으로 도전하기로 마음먹었다. 달인 도전도 실력 배양에 역점을 두는 것이 시간적으로나 경비 절감에 도움이 될 듯하다. 그동안 백과사전과 씨름한 결과로, 「우리말 겨루기」를 시청하며 점수를 매겨보면 결선까지 진출할 때도 있다. 공부한 덕분에 대화할 때 자신감이 생기고 글쓰기도 도움이 많이 되는 것을 느낀다. 이만해도 일차적인 목표는 이룬 셈이다.

우리말 달인이 되고 싶은 마음이야 굴뚝같지만, 너무나 지나친 큰 꿈이다. 그러나 공부하기 위해서 도전을 계속할 것이다.

때늦은 동창회

작년 연말에 부산에서 온 초등학교 동창생들이 남녀 동창회를 열면 어떻겠느냐는 안건을 내놨다. 그것이 발단되어 올봄 남자 동창 정기 모임에서 가을 모임에 총동창회를 갖기로 했다.

그날 모임에서 회칙에 없던 부회장직을 만들어 나에게 맡겼다. 초등학교 졸업 후, 55년 만에 처음으로 갖는 총동창회 부회장을, 고향 지킴이라는 이유로 내게 맡긴 것 같았다. 책임감으로 마음이 무거웠다. 최선을 다해 임무를 수행하기로 마음먹었다. 동기생 모두를 만나 보고 싶은 마음은 어디 나뿐이겠는가.

사무국의 연락을 기다리다 못해 전화하자, 전임자한테서 장부도 인수하지 못했다는 대답을 듣고 난감했다.

마냥 기다릴 수만 없었다. 겨우 연락됐는데 활동력이나 경제력이 줄어서 하던 모임도 그만둘 판에 누가 새로운 모임에 오겠느냐며 부정적으로 말했다.

개최 시기가 한 달 남짓 남아서 이대로 포기할 것인지, 반대를 무릅쓰고 추진할 것인지 고민이 되었다. 우리 동기들은 6.25 전쟁을 전후로 태어나 헐벗고 굶주린 어린 시절을 보냈다. 강냉이죽을 끓였던 학교 뒤뜰이 어린 시절의 추억이 되어 요즘도 옛 그림을 보는 듯 감회가 깊다.

젊은 시절은 생활고에 시달렸고, 장년에 이르러 남녀동창회를 열자는 말은 분분했으나 정작 추진할 여건은 되지 않았다. 이제 무산되면 총동창회는 우리와 무관하게 되고 말리라. 모두가 보고 싶은 간절한 소망을 저버릴 수 없어 조금 무리가 따르더라도 밀고 나갔다.

회장에게 연락하여 임원 회의를 열었다. 그리고 모교를 찾아가서 졸업생 명단을 주민등록번호를 가리고 복사하여 받았다.

임원 모임에서도 반대자는 변함없었지만, 참석 여부는 동창생들의 판단에 맡기기로 했다. 날짜를 확정하고, 회비는 5만 원에서 부담이 될 것 같아서 3만 원으로 줄였다.

도산면에 거주하는 동창들을 찾아 나섰다. 면 소재지에 거주하는 여자 친구를 찾아가서 동창회 이야기 끝에, 양다래의 작황을 물어보았다. 지난해는 가물어서 흉작이었으나 올해는 풍작이라 했다.

"지난해 샀던 2킬로들이 양다래 가격이 올해는 얼마냐?"고 묻자, "친구들에게 선물하려고 그러는 가배!" 하고 되물었다. 허를 찌르는 친구의 질문에 긍정할 수밖에 없었다.

"참석 인원을 얼마나 되겠나?"

"시일이 촉박해서 30명 남짓으로 예상한다."

"그라모 양다래는 내가 책임질 게 너무 걱정하지 마래이. 예전에 너 출판기념회에 못 가서 두고두고 미안했는데 이제야 묵은빚을 갚게 되었네."

전혀 예상치 못한 친구의 말 한마디는 내게 큰 힘이 되었다.

드디어 동창회 날이 되었다. 오전 11시부터 친구들이 도착할 때마다 어릴 적으로 돌아가 이름을 부르며 포옹했다. 시간이 지날수록 만남의 열기는 뜨거워져 마치 이산가족 상봉장을 보는 듯했다. 12시에 회장의 인사말에 이어 자기소개했고 「고향의 봄」을 합창했다. 우리는 초등학생이 되어 순수한 그 시절로 돌아가 단체 사진도 찍었다. 흘러간 세월만큼 변한 친구들의 모습이 인생의 승리자처럼 늠름하고 당당해 보였다.

점심시간이었다. 기분이 좋으면 음식도 맛이 더 나는 것인가. 푸짐하게 먹고 마시며 쌓인 회포를 풀었다. 그리고 노래방에서 노래하고 어깨를 들썩거리며 몇십 년의 세월을 뛰어넘었다.

이별의 시간이 되었다. 헤어지기가 아쉬워서 선뜻 일어서지를 못했다. 떨어지지 않는 발걸음으로 양다래, 김, 책 등의 선물까지 한 보따리씩 안고, 내년에 다시 만날 것을 약속하고 헤어졌다.

동창들이 떠나고 나니 그동안 쌓였던 스트레스나 피로는 눈 녹듯이 사라졌고, 행사를 도왔던 친구들에게 감사의 인사를 전하며, 내친김에 카톡 단체방을 열었다. 지금까지 좋은 글이나 정보, 그림을 올려 우정 쌓기를 이어가고 있다.

늙었다는 이유만으로 아직도 살아 있는 친구들의 우정까지 버려서야 되겠는가.

돌탑 사건

폐광(廢鑛) 산에 너저분하게 버려진 돌들을 일 년 동안 정성껏 쌓았더니 멋진 볼거리가 되었다고 등산객들이 입을 모았다. 기초가 부실하면 잘 무너지기 때문에 이 탑은 암반(巖盤) 위에다 쌓아서 안심했는데, 뜻밖에 하룻밤 사이에 무너져 있었다.

지금까지 돌탑을 쌓으며 여러 번 무너진 것을 보았지만, 사전에 탑 속의 잔돌이 흘러내리는 소리를 하고 배흘림 현상이 나타났는데, 이번에는 아무런 조짐이 없었기 때문에 일부러 무너뜨렸다고 생각했다. 이 사람, 저 사람 의심하다 보니 대상자가 점점 늘어나서 생각을 바꾸었다.

내가 서둘러서 잘못 쌓았거니 하고 다시 쌓기 시작

하였다. 길손들이 왜 무너졌느냐고 하여 내가 서투르게 쌓은 탓이라고 하였지만, 탑 쌓기를 도왔던 사람이 내 말을 전적으로 부정하며 일부러 무너뜨린 것이라고 단정했다. 모든 정황증거를 고려하면 옳은 말이었다.

탑을 쌓기 시작한 후 있었던 모든 일을 곰곰이 생각해 보니 크게 실수를 저지른 일이 하나 있었다. 완성되면 돼지머리를 놓고 고사(告祀)를 지내자는 사람이 두어 사람 있어 그리하기로 약속해 놓고 연락도 없이 마무리한 일이다. 여러 차례 다짐했는데 무시하고 완공했으니 그이의 입장이 얼마나 섭섭했을 것이며, 고사 지내려 가자고 약속한 친구들에게 변명의 여지가 없었을 것이 아닌가. 섭섭함이 노여움으로 바뀌며 울컥하여 일을 저지르고, 그동안 얼마나 부담을 느꼈으면 자주 하던 발걸음을 반년이나 끊고 지낼까. 술이라도 한잔하며 내가 먼저 말문을 터야 할 것 같으나 신중히 접근할 필요가 있어 보였다.

책임을 물어야 할 나는 용서를 벌써 하였건만 사고를 친 그이는 언제까지 부담을 느낄 것이 아닌가. 그 부담을 하루빨리 덜도록 돌탑을 더 멋있게 쌓아서 고사를 지내자고 역 제의를 해야 할 듯싶다.

나는 미신을 믿지 않아 탑을 쌓아 놓고 제(祭)를 지낼 생각이 애초에 없었고 폐를 끼치기 싫어 거절했다. 그러나 상대는 '멋진 예술품'이라며 제를 지내면서 많은 지인에게 알리려고 했지만, 나는 그러고 싶지 않았다. 내가 끝까지 분명히 거절을 안

하고 어물쩍 넘긴 탓이다. 이번에는 고사 뒤풀이로 술이라도 한잔하며 내가 먼저 사과하면 실마리가 풀릴 것 같다. 지금까지 말 못하고 망설였다면 쉽게 풀릴 수도 있으련만….

무조건 내 잘못으로 돌리고 탑을 쌓을 때는 또다시 무너뜨리면 어쩌나 했는데, 무너진 사연을 알게 되고 수습 방안까지 마련하니 걱정을 덜었다. 하지만 만날 수 있는 묘책이 문제 해결의 관건이다.

내 생각은 옳고 남의 의견은 틀렸다고 여기면 분란이 싹튼다. 상대의 말을 끝까지 들을 필요가 있다. 만일 상반된 견해를 가진 경우, 공동의 목표를 추구하기 위해 토론하면 되고 의견의 일치를 보지 못할 때는 각자가 생각하는 가치관이 있을 수 있으므로 그럴 수도 있겠거니 하고 인정하면 될 일이다.

그리고 약속은 서로의 입장을 명확히 해 둘 필요가 있다. 각자가 아전인수식으로 적당히 생각하고 약속하면 뒤에 상반된 결과를 초래할 수 있으므로 유념할 일이다.

일이 잘못되었을 경우, 자기중심적 사고와 이기주의로 모든 잘못을 남에게 책임을 돌리기 때문에 갈등이 생긴다. 그릇된 일에 자기 잘못도 일정 부분 있을 터이니 내 탓이라고 생각을 바꾸면 사건의 실마리가 풀릴 수 있다, 상대가 있었기에 생긴 일이니 내 탓에다 네 덕을 더하면 한층 마음이 편할 수 있지 않을까 싶다.

자리다툼

어릴 적 초등학교 시절에, 추운 겨울이면 쉬는 시간마다 난로 주위를 겹겹으로 둘러 서서 따뜻한 불기운을 쬐었다. 그런데 난로 가까이 둘러선 아이는 덩치가 크고 힘센 녀석들이다. 그다음은 먼저 자리를 차지한 놈이 버티고 있다. 대열에 끼지 못하고 밀려나는 아이가 있었다.

난로와의 거리를 조금만 두면 많은 아이가 둘러설 수 있는데도 온기를 많이 쬐려는 욕심 때문에 힘없는 아이들을 내몰게 된다.

아이들의 세계도 자리를 두고 벌이는 다툼은 어른들과 다를 바 없다. 수평의 공평함보다는 수직의 지배와 피지배는 어디에서나 발견된다. 인간적 배려보다는 힘의 일방적인 논리가 강하게 작동한다.

내가 노인 병원에서 근무할 때다.

간병사 중에서 월급을 제일 많이 받게 되자 수간호사가 팀장으로 추천했다. 병상 문학의 수필을 쓸 목적으로 입사하여 등단까지 했지만, 팀장을 맡으면 글을 쓰는 데 지장이 많을 것 같아 거절했다. 원무과장이 이사장님의 뜻이라며 재차 권유하여 덧붙여 말했다. 나 외는 간병사나 간호사가 모두 여자들뿐이라 그 속에서 시달리면, 글쓰기는 뒷전으로 밀려날 것이므로 맡을 수가 없다고 하자, 업무적으로 팀장이 꼭 필요하여 다른 사람을 대신하겠다고 했다. 도대체 팀장이 무엇이기에 그렇게 애써 차지하려고 하고 한사코 마다했을까.

시장에는 노점 상인이 곳곳에 한 평 정도밖에 안 되는 좁은 자리에서 난전을 펴고 온갖 물건을 판다. 건어물을 펼쳐놓고 파리채를 휘두르는 아줌마, 해초나 어패류 몇 가지를 담아놓고 온종일 앉아 있는 할머니, 장터 변두리에서 싸구려 물건이나 옷가지를 쌓아 놓고 호객하는 보따리장수. 이들은 터 잡은 그 자리가 아주 고마울 것이다. 그 자리 덕분에 자신은 물론 식구들까지 먹고살지 않는가.

그런데 이 시장에서도 자리다툼인 이른바 텃세가 있다.

오랫동안 장사하여 많은 사람이 오가는 목 좋은 자리를 차지한 사람이 있는가 하면, 이제 갓 장사를 시작한 신출내기는 어쩔 수 없이 구석진 곳에서 쓸쓸하게 자리를 지키고 있다. 먼저 장사를 시작한 사람은 자기만 독점하려고 신출내기는 얼씬거리지도 못하게 한다. 동종의 물건을 파는 사람들이 한곳에 모여 있으면 별도의 상권이 형성되어 모두에게 고루 혜택을 누릴 수 있을 텐데도 말이다.

큰 욕심 내지 않으면 좁은 자리에서도 만족하며 살아갈 수 있으리라. 목 좋은 자리를 오랫동안 독점하려는 욕망이 우리의 순수한 영혼을 앗아간다.

사람은 사회 활동에서 맡은 직위나 지위로 자리를 지킨다. 대체로 직위란 높낮이가 있기 마련이다. 명예나 부를 담보하는 높은 자리는 누구나 선망하고 욕심을 낸다. 높은 자리에 오르는 것은 개인적으로 성공적인 삶이기도 하다. 그래서 자리를 놓고 치열한 경쟁을 벌인다. 열심히 노력해서 정당하게 높은 자리에 올라간 사람도 있는 반면에, 탐욕에 눈이 멀어 편법과 술수를 앞세우는 경우가 많다. 더구나 횡행하는 낙하산 인사가 오늘을 사는 젊은이들을 허탈과 실의에 빠뜨린다.

선거철이 닥치면 어느 한자리에 오르기 위해 많은 사람이 열을 올린다. 자신만이 그 자리에 적임자라고 외치는데, 정책 경쟁은 뒷전이고 흑색선전이 난무하는 볼썽사나운 모습으로 국민을 크게 실망하게 한다.

높은 자리에 올라가면 언젠가 내려와야 한다. 물때썰때를 알고 실행할 수 있는 용기가 꼭 필요하다. 크게 욕심내지 않으면 능히 할 수 있는 일이지 않을까.

나는 이제까지 한 이야기를 나에게 되뇌고 있다.

모정의 탑

김수돌 수필집

2023년 9월 25일 1판 1쇄 발행

지은이 / 김수돌

발행인 / 강병욱
발행처 / 도서출판 교음사

03147 서울 종로구 삼일대로 457 수운회관 1308호
Tel (02) 737-7081, 739-7879(Fax)
e-mail : gyoeum@daum.net
등록 / 제2007-000052호

* 잘못된 책은 바꿔 드립니다. 값 13,000원

ISBN 978-89-7814-940-2 03810

후원

경상남도 GYEONGNAM 경남문화예술진흥원

- 이 도서는 경남문화예술진흥원의 문화예술지원을 보조받아 발간되었습니다.